AI
시대의
번역

이론과 실제

AI 시대의 번역: 이론과 실제

초판 1쇄 인쇄 2019년 1월 23일
초판 1쇄 발행 2019년 1월 30일

지은이 최성희 **일러스트** 최성희
펴낸이 이방원
편 집 홍순용 · 김명희 · 안효희 · 강윤경 · 윤원진 · 정조연
디자인 손경화 · 박혜옥 **영업** 최성수 **마케팅** 이미선
펴낸곳 세창출판사
출판신고 1990년 10월 8일 제300-1990-63호
주소 03735 서울시 서대문구 경기대로 88 냉천빌딩 4층
전화 02-723-8660
팩스 02-720-4579
이메일 edit@sechangpub.co.kr
홈페이지 http://www.sechangpub.co.kr

ISBN 978-89-8411-797-6 93700

이 도서의 국립중앙도서관 출판시도서목록(CIP)은 서지정보유통지원시스템 홈페이지(http://seoji.nl.go.kr)와 국가자료공동목록시스템(http://www.nl.go.kr/kolisnet)에서 이용하실 수 있습니다. (CIP제어번호: CIP2018041635)

AI
시대의
번역

이론과 실제

최성희 지음

세창출판사

책을 시작하며

　　　　우리는 지금 인공지능 기술의 시대에 살고 있습니다. 통·번역 분야에서도 인공지능 번역 기술이 정부와 민간 기업 차원에서 활발하게 발달하고 있습니다. 문화체육관광부는 통·번역 기계의 사용을 일상생활뿐만 아니라 의료, 관광, 국제 비즈니스 등 전문·영역에까지 확대할 계획을 세우고 있습니다. 또한 구글Google과 네이버Naver로 대표되는 번역기에 인공 신경망 번역 시스템이 도입되면서 AI 번역기 기능도 빠른 속도로 발전 중입니다. 이러한 발전은 인간 번역가들에게 큰 도전이자 위기로 다가오지 않을 수 없습니다. 인간 번역가들은 조만간 자신들의 자리를 AI 번역기에게 내주어야 할지도 모른다는 위기의식을 느끼고 있습니다. 번역가를 꿈꾸던 학생들도 가까운 미래에는 번역가라는 직업이 사라질까 봐 그 꿈을 포기하기도 합니다.

　　　　그러나 이 책에서 알게 되겠지만, AI 번역기는 인간 번역가를 대체할 수 없습니다. 물론 신속성 면에서는 AI 번역기가 우월하지만, 번역문의 품질 평가 기준인 충실성과 가독성 면에 있어서는 인간 번역가가 매우 우월합니다. 충실성이란 원문의 정보와 뉘앙스가 번역문에 반영되는 양상을 말하고, 가독성이란 번역문이 우리말로 얼마나 자연스럽게 읽히는가의 정도를 의미합니다. 그런데 AI 번역기의 번역문을 세밀하게 분석해 보면, 어휘 차원과 문법 차원, 그리고 문맥 차원 번역에서 전반적으로 인간 번역가의 번역문보다 훨씬 떨어집니다. AI 번역기의 번역문에는 오탈자, 오역이나 부적절한 번역이 두드러지고 비문법적인 문장, 의미상의 오류가 있는 문장이 자주 나타나며, 문맥의 앞뒤가 서로 맞지 않는 경우가 많습니다.

그리고 AI 번역기의 번역문은 번역 대상 텍스트의 장르에 따라 품질에 차이가 있습니다. AI 번역기는 짧고 반복적인 표현의 글이나 단순한 문법 구조의 글을 번역하는 데 효율적이어서, 간단명료하고 기술적인 텍스트를 번역하는 데 적합합니다. 하지만 AI 번역기는 인간의 감정을 섬세하게 옮겨야 하는 문학 텍스트, 인간의 소비 욕구를 불러일으키는 광고 문이나 관광 안내문, 이데올로기가 행간에 암묵적으로 스며 있는 신문 기사, 그리고 독자의 취향에 맞추어 각색해야 하는 노래 가사나 영화 대본 등 복잡하고 의미가 열려 있는 장르를 번역하는 데 큰 한계가 있습니다.

　이러한 분석 결과는 두 가지 중요한 시사점을 남깁니다. 첫 번째는 인간 번역가가 AI 번역기를 번역 과정의 보조 도구로 잘 활용하면 번역의 효율성을 높일 수 있다는 사실입니다. 가령, 텍스트를 AI 번역기에 입력하여 초벌 번역을 한 후에 인간 번역가가 AI 번역기의 번역물을 수정한다면, 기계가 산출한 번역물의 정확성과 가독성을 보완할 수 있습니다. 이러한 수정 과정을 포스트 에디팅post editing이라고 하는데 최근 국내외 대학의 통·번역학 수업에 적극적으로 활용되는 추세입니다. 그리고 번역 회사 현장에서도 컴퓨터 프로그램을 능숙하게 다룰 수 있으면서 포스트 에디팅을 잘하는 인재를 선호하고 있습니다. 두 번째는 이제 인간 번역가는 더욱 열심히 기계와 차별화된 탄탄한 실력을 다져야 한다는 사실입니다. 인간 번역가가 AI 번역기 수준의 단순 번역밖에 할 수 없다면 그 번역가는 도태될 것입니다. 그러나 기계를 잘 활용해서 빠르고 정확하면서도 창의적인 번역을 할 수 있는 능력 있는 번역가는 지금보다 훨씬 더 좋은 미래를 보장받을 것입니다.

　AI 시대의 유능한 번역가는 또한 기계 번역문을 감수할 수 있는 번역 능력을 갖추어야 합니다. 이를 위해 인간 번역가는 우선 원문을 읽고 정확하게 분석하고 이해하는 능력이 있어야 합니다. 또한 원문의 외국어와 우리말의 어휘와 문법 구조를 정확히 분석해 낼 수 있는 능력이 필요합니다. 그리고 문맥에 따라 문장의 논리를 정확하게 파악하고 원문의 어조와 문체를 살려서 일관성 있게 번역문에 옮길 수 있어야 합니다. 마지막으로 인문학적인 소양 역시 번역가가 반드시 갖추어야 하는 조건입니다.

이 책은 AI 시대의 번역가를 꿈꾸는 학생들과 번역에 관심 있는 일반 독자를 위해서 마련되었습니다. 이 책은 독자들이 영어를 우리말로 번역할 때 원문을 왜곡하지 않고 가능한 우리말로 유려하게 번역하도록 돕는 것을 목적으로 합니다. AI 번역기가 따라할 수 없는 다양한 번역 방법과 기술을 제공하면서 이론과 실제를 아우르는 내용으로 독자들이 효율적인 번역 연습을 하도록 합니다. 이 책의 구성은 다음과 같습니다.

제1장과 제2장에서는 번역의 기본 정의와 개념을 소개하고 기본적인 번역 방법을 제시합니다. 또한 AI 번역기의 현주소를 살펴보며 인간 번역가와 AI 번역기의 공조관계를 생각해 봅니다.

제3장부터 제5장까지는 어휘 층위의 번역 방법론을 살펴봅니다. 특히 AI 번역기로는 제대로 번역을 하기 어려운 문화 특수어와 비유법을 중점적으로 다룹니다.

제6장부터 제9장까지는 문법 층위의 번역 방법론을 소개합니다. 영어와 우리말의 문법체계는 매우 상이하기 때문에 직역을 하는 AI 번역기로는 우리말 문법에 정확히 조응하면서도 유려하게 읽힐 수 있는 번역문을 산출하는 것은 불가능합니다. 이 부분에서는 주어와 타동사 구문, 관계대명사 구문, 수동태 구문, 복수명사, to 부정사, 현재완료 구문 등, 영어에서는 빈번히 사용되지만 우리말로는 번역하기 쉽지 않은 구문의

번역 방법을 살펴봅니다.

제10장에서는 문맥 차원에서의 번역 방법론을 알아봅니다. 이 부분에서는 문장과 문장을 연결할 때 원문에 담긴 정보의 흐름을 번역문에 잘 반영할 수 있는 방법을 찾아봅니다. 특히 원문의 논리 전개를 분석하면서 이를 우리말로 물 흐르듯이 유려하게 번역할 수 있는 방법을 알아봅니다.

앞에서 본 바와 같이, 이 책은 어휘-문법-문맥 차원의 번역 방법 순서로 구성되어서 독자들이 작은 범주에서 시작해 보다 큰 범주로 번역을 차근차근 완성해 나갈 수 있습니다. 그렇지만 독자들이 중간에서 시작해도 무리 없이 필요한 부분을 학습할 수 있도록 각 단락마다 예시와 연습 문제를 충분히 넣었습니다. 또한 독자들이 인문학적인 소양을 넓히는 데 도움이 될 수 있는 좋은 예문을 많이 수록하였습니다.

부록에는 수업 시간에 학생들이 연습한 번역 결과물을 수록하여서 이 책에서 제시한 번역 방법론이 각 장르의 다양한 텍스트에 적용되는 실제의 예를 보여 드립니다. 특히 같은 학생이 학기 초에 제출한 번역물과 학기 말에 제출한 번역물을 함께 실어서 그 학생의 번역 실력 향상 과정을 한눈에 파악할 수 있도록 하였습니다. 미국 문학의 거장인 소설가 마크 트웨인은, "좋은 결정은 경험에서 오고 그 경험은 나쁜 결정에서 온다"고 말한 바 있습니다. 사실 번역문은 어휘와 문법, 그리고 문맥 구성에 대한 번역가의 끊임없는 선택과 결정의 결과물입니다. 학생들은 번역을 하는 매 순간 어떤 번역 방법을 선택할지 결정해야 합니다. 학생들의 초벌 번역에서의 오류는 마크 트웨인의 언급처럼 좋은 결정을 이끌어 낼 수 있는 마중물입니다. 오류를 고쳐 나가는 과정에서 학생의 번역 실력은 발전할 수 있습니다.

　　이 책의 내용은 지난 5년 동안 필자가 고려대학교에서 사용한 강의록을 기초로 합니다. 유학을 마치고 귀국한 2013년, 영문과 전공과목인 "번역 연습" 강좌를 시작으로 많은 학생을 만났습니다. 이 책을 준비하는 과정에서 지난 5년간 학생들이 수업 시간에 제출한 초벌 번역, 기말 리포트, 수업 시간에 활용한 인터넷 강의실의 질문과 답변 등을 찾아 읽으면서, 가장 적절한 표현을 찾아 함께 치열하게 고민하고 토론했던 그 시간들로 시간 여행을 다녀올 수 있어서 행복했습니다. 이 책에는 그 시간 동안 학생들과 함께 나눈 웃음과 보람의 순간이 녹아 있습니다. 수업 자료를 하나로 엮어 달라는 학생들의 요구에 따라 책을 완성하기는 했지만 감히 출판을 하려니 엄두가 안 나고 부끄럽습니다. 부족한 신참 번역 선생에게 흔쾌히 책의 출간을 허락해 주신 세창출판사 이방원 사장님, 짧지 않은 집필 기간 동안 꾸준히 격려해 주신 김명희 실장님, 디자인을 해 주신 디자인 팀, 원고를 꼼꼼히 읽고 교정해 주신 홍순용 선생님께 감사드립니다. 또한 초고를 수정하는 과정에서 많이 도와준 고려대학교 김서희 학생과 나의 아들 채민병 군도 고맙습니다. 마지막으로, 번역을 하고 연구하는 사람의 사명을 일깨워 주시고 지지해 주셨던 그리운 나의 아버지 최달곤 박사님과 못난 자식을 언제나 믿어 주시는 나의 어머니 김정동 여사께 이 책을 바칩니다.

저자 최성희

목차

1장 번역과 번역하기

　　이 장에서는 번역가가 반드시 알아야 하는 번역의 정의, 용어와 개념, 그리고 기본적인 번역 방법을 소개합니다.

1. 번역을 정의하기

　　번역이라는 말은 보통 한 나라의 말을 다른 나라의 말로 옮기는 것으로 정의됩니다. 그런데 번역의 범위는 종종 언어의 번역 영역을 넘어서기도 합니다. 만약 우리가 영국에서 길을 가다가 다음과 같은 교통 표지판을 보았다고 가정해 봅시다.

　　다음의 도로 표지판은 영국 프레스톤Preston 기차역에 있는 이색적인 도로 표지판으로 'No Parking // Kiss & Ride'이라 표시되어 있습니다. 무슨 의미일까요? 이 표지판은 "정차 금지, 인사하고 얼른 출발하세요"라

는 의미입니다. 표지판이 놓인 프레스톤역은 유동 인구가 매우 많은 곳이며, 기차 이용객들이 자동차로 자신을 바래다준 사람들과 인사를 나누느라 더욱 혼잡한 곳입니다. 그래서 이 역은 키스를 나누는 사람들이 잠시 정차시킨 자동차와 계속해서 밀고 들어오는 차량들이 엉켜서 혼잡을 이루는 장소입니다. 그래서 철도회사 측은 혼잡을 막기 위해 'No Parking // Kiss & Ride'가 새겨진 표지판을 세웠다고 합니다.

이러한 표지판의 이미지는 문자와는 다른 독특한 느낌을 전달할 수 있으며, 전달하고자 하는 바를 신속하면서도 간결하고 설득적으로 표시할 수 있습니다. 이처럼 도로 표지판을 해석하는 행위도 번역에 들어갈 수 있을까요?

번역학자들은 언어가 아닌 대상들, 즉, 기호, 이미지, 영상 등을 해석하는 행위 역시 번역에 속한다고 생각합니다. 예를 들어 영화 장면 속 배우의 몸짓 하나, 응시 한 번에도 많은 이야기를 담아낼 수 있습니다. 그래서 영화 번역가들은 영화의 대본만 아니라 영상도 꼼꼼히 살펴보아서 영화 속 배우의 대사에 내포된 의미를 정확히 전달해야 합니다. 그렇다면 번역이란, 단순히 한 나라의 말을 다른 나라의 말로 전달한다는 정의를 넘어서 그 범위가 확장되어야 합니다.

2. 번역의 종류와 기본용어 소개

_____번역의 범위를 확장한 학자로 언어학자이자 현대 구조주의 사상에 지대한 영향을 미친 야콥슨Roman Jakobson이 있습니다. 야콥슨은 번역의 유형을 다음 세 가지로 규정합니다.

1) 언어 간 번역(interlingual translation): 언어 기호를 다른 언어 기호를 사용해서 해석하는 행위를 말합니다. 일반적으로 생각하는 번역의 개념입니다. 예를 들어 영어를 한국어로 번역하는 경우가 이에 속합니다.

2) 언어 내 번역(intralingual translation): 언어 기호를 동일한 언어의 다른 기호로 해석하는 번역을 말합니다. 동일한 언어권 내에서 유사어나 동의어를 활용하여 전문가가 아닌 독자를 위해 기술 서적을 쉽고 간단하게 쓴다든가, 어린이 독자를 위해 어려운 고전을 쉽게 각색하는 등의 번역이 해당됩니다. 또한 한자로 된 우리 고전을 한글로 번역한 경우도 여기 속합니다.

3) 기호 간 번역(intersemiotic translation): 언어 기호를 음악이나 그림, 영화, 춤 등의 언어가 아닌 기호 체계로 번역하는 경우를 말합니다. 가령, 빅토르 위고의 『레 미제라블』을 뮤지컬, 혹은 영화로 만든 경우가 이에 속할 수 있습니다. 위에서 예로 든 표지판에 관한 해석 행위도 기호 간 번역에 해당합니다.

이 책에서 가장 많이 나오는 번역 전문 용어 몇 가지를 소개하겠습니다.

SL(Source Language): 원천어 / ST(Source Text): 원전, 원천 텍스트

TL(Target Language): 목표어 / TT(Target Text): 번역본, 목표 텍스트

SL은 영어의 Source Language의 줄임말로 번역 대상 언어를 지칭하고, ST는 Source Text의 줄임말로 번역 대상 문서를 의미합니다. TL은 Target Language의 줄임말로, 번역문에 쓰인 언어를 말하며, TT는 Target Text의 줄임말로 번역된 문서를 의미합니다. 예를 들어 영어로 쓰인 문서를 한국어로 번역하는 경우를 가정한다면, 이때 SL은 영어이며 ST는 영어 문서를 의미합니다. 이와 더불어 TL은 한국어이며 TT는 한국어 문서를 의미합니다.

3. 직역이 좋은가요, 의역이 좋은가요?

학기 초 번역 수업 시간에 학생들이 가장 많이 하는 질문은 바로 직역이 좋은 번역인가, 의역이 좋은 번역인가입니다. 학생들은 그 자리에서 명쾌한 대답을 얻기를 원하지만, 사실 이 문제에 대한 정답은 없습니다. 번역은 해당 언어뿐만 아니라 그 언어를 사용하는 저자와 독자의 개인적 특성, 원문의 배경이 되는 상황, 그리고 번역이 일어나는 사회의 사

상, 문화 등이 총체적으로 녹아든 과정이자 결과물입니다. 이러한 복잡한 배경을 감안한다면, 번역은 단순히 원천어를 목표어로 바꾸는 것에 그치는 것이 아니기에 어느 쪽이 좋다고 단언할 수 없습니다.

　　사실 직역이 좋은 번역인가, 아니면 의역이 좋은 번역인가에 관한 논의가 학생들만의 고민거리는 아닙니다. 오래전부터 번역학자들에게는 원천 텍스트의 메시지를 번역문에 똑같이 전달할 수 있는 최상의 방법을 찾는 것이 가장 중요한 연구 주제였습니다. 언어학자이자 번역학자인 캣포드J. C. Catford는 "번역이란, 어떤 언어로 쓰인 텍스트를 등가의 다른 언어의 텍스트로 교체하는 것이다[A translation is the replacement of textual material in one language(SL) by equivalent textual material in another language(TL)]"라고 정의하였습니다(1965: 20). 여기서 등가라는 의미는 텍스트의 언어를 둘러싼 문화적 배경 같은 텍스트의 외적인 요소도 포함됩니다.

　　등가성을 한마디로 정의한다면, 원천 텍스트와 목표 텍스트의 형태와 의미가 동일한 양상을 말합니다. 등가성(equivalence)은 원천 텍스트와 목표 텍스트의 유사함 정도를 측정하는 기준이 됩니다. 원천 텍스트와 목표 텍스트를 비교했을 때, 목표 텍스트의 등가성이 높다면, 그 번역은 직역에 가까운 번역입니다. 반면에 원천 텍스트와 목표 텍스트의 등가성이 낮다면, 그 번역은 의역에 가까운 번역입니다.

　　직역은 원천 텍스트를 문자 그대로 목표어로 옮기는 것을 말하며, 엄격하게는 원천 텍스트의 문법 형태와 단어를 그대로 유지시키는 것을 의미합니다. 이와 반대로 의역은 원천 텍스트를 그대로 옮기는 작업에서 벗어나서 원천어의 메시지를 목표 독자들이 이해할 수 있는 방식으로 변형하는 번역 방법을 의미합니다.

등가성을 기준으로 한 직역과 의역의 구분을 이론적으로 정립한 번역학자는 나이다Eugene Nida(1914-2011)입니다. 나이다는 등가성을 정도에 따라서 형태적 등가성(formal equivalence)와 역동적 등가성(dynamic equivalence)으로 구분하였습니다.

4. 형태적 등가(formal equivalence)와 역동적 등가(dynamic equivalence)-나이다

_____형태적 등가를 추구하는 번역은 메시지를 전달하는 자체를 중시하면서 동시에 원문의 내용뿐만 아니라 형태적인 측면에 초점을 맞춥니다. 원천어의 상이한 요소들을 가능한 그대로 전달하는 직역이 이에 해당됩니다. 우리가 사용하는 AI 번역기의 번역문이 이 범주에 속합니다. 다음 원문과 번역문을 생각해 봅시다.

ST: Good morning.
TT: 좋은 아침.

위의 번역문은 형태상으로도, 의미상으로도 원문에 대한 등가성이 상당히 높습니다. ST의 good은 품사가 형용사이며 "좋은"이라는 의미입니다. 이어지는 morning은 품사가 명사이고 의미는 "아침"입니다. ST

의 품사와 의미가 TT에 그대로 반영되어 있습니다. 번역문이 원문의 형태와 의미를 매우 유사하게 전달하는 경우를 나이다는 등가가 높다고 설명하고 "형태적 등가"라 불렀습니다.

역동적 등가를 추구하는 번역은 원천 문화와 목표 문화의 차이를 인지하고, 원천 텍스트의 의미를 수용자의 언어 체계에 비추어 자연스럽게 전달될 수 있도록 원천 텍스트를 변형하는 의역을 의미합니다. 의역은 원천어로 쓴 메시지와 가장 비근하면서도 목표 문화에 자연스럽게 수용될 수 있는 번역어를 추구합니다. 그러므로 형태적 동일성보다 원문의 의미가 목표 독자들에게 동일하게 전달되는 효과에 큰 비중을 둡니다. 이를 나이다는 "효과의 등가 원칙(principle of equivalent effect)"이라 설명합니다. 역동적인 등가를 지닌 번역문은 목표어권의 언어 체계와 문화적인 기대를 충족시켜야 하며, 그 표현이 자연스러워야 합니다. 나이다가 직접 인용한 예를 들어 보겠습니다.

한 미국 선교사가 에스키모인들(이누이트)을 전도하러 영어 성경을 이누이트어로 번역하다가, "Lamb of God"이라는 구절에서 고민에 빠졌습니다. 형태적 등가를 중시하여 "하나님의 양"으로 직역한다면, 에스키모인들은 양을 본 적이 없기 때문에 원래의 의미가 제대로 전달되지 않을 것이라는 생각이 들었기 때문입니다. 그래서 이 선교사는 형태적 등가성을 추구하는 대신 역동적인 등가성을 선택해서 '하나님의 물개(Seal of God)'라고 번역했습니다. 원문의 형태는 양에서 물개로 바뀌었지만, 에스키모인들에게 물개는 마치 이스라엘 지역의 양처럼 흔히 볼 수 있으며 연약하고 순한 동물로 인식되니까 원문의 의미는 잘 전달될 수 있었다 합니다.

　　나이다는 형태적 등가보다는 역동적 등가 개념을 더욱 중요하게 생각했습니다. 그는 성공적인 번역을 위해 필요한 조건을 다음과 같이 소개한 바 있습니다.

① It has to make sense(의미가 통해야 한다).

② It has to convey the spirit and manner of the original(원작의 정신과 태도를 전달해야 한다).

③ It has to have a natural form of expression(번역문이 유려해야 한다).

④ It has to produce the same response as the original(원작과 똑같은 반응을 얻어야 한다). (Nida, 1964:164)

　　나이다가 주장하는 성공적인 번역문의 기준을 간단히 정리한다면, 원문의 의미를 유지하면서도 목표 문화와 독자에게 맞추어 자연스럽게 변형할 수 있는 번역문이라 할 수 있습니다. 그런데 나이다가 제안하는 조건은 번역가에게 큰 고민거리가 아닐 수 없습니다. 유려하게 번역하려다 보면 원문의 느낌이 왜곡되기 쉽기 때문입니다.

직역에 대한 과도한 믿음에서 나온 전설- 셉투아진트, 혹은 70인 번역 이야기

셉투아진트Septuagint 혹은 칠십인역70인역, 七十人譯이라는 성경의 번역본에 대한 이야기는 옛 사람들이 얼마나 직역을 중시했는가를 알려 줍니다. 셉투아진트는 고대 그리스어인 코이네 그리스어(헬라어)로 번역된 구약성경(또는 히브리 성경)을 말하며, 현재까지도 그리스 정교회에서 공식 전례문으로 사용되고 있습니다. 기원전 3세기 중엽 이집트의 왕 프톨레마이오스 2세 필라델푸스는 원로 유대인 학자 70인(혹은 72인)을 소집하여 미리 마련된 70개의 방에 각각 한 사람씩 들어가게 한 다음, 70일 동안 유대인의 히브리어로 쓰인 모세 5경(Pentateuch)을 번역하라고 명령합니다. 70일이 지난 후, 놀라운 사실이 드러났습니다. 이들 70명의 학자가 각자 심혈을 기울인 70개의 번역본이 글자 하나도 틀리지 않고 똑같았다고 합니다. 이 이야기에서 우리는 옛 사람들이 한 가지 원본에 대해 가장 완벽하고 단일한 번역본이 존재할 수 있다고 믿고자 했다는 사실을 알 수 있으며, 완벽한 번역은 직역이라 여겼던 그들의 번역관을 들여다볼 수 있습니다.

5. 번역 방법 선택 시 고려해야 하는 사항

_____ 이탈리아에 "번역가여, 그대는 반역자(Traduttore, Traditore)"라는 격언이 있습니다. 이 말은 번역가가 원문의 의미를 목표 독자가 잘 이해할 수 있도록 자연스럽게 전달하려 한다면, 원문을 왜곡할 수밖에 없다는 딜레마를 솔직하게 담아내고 있습니다. 번역을 할 때에는 원문과 번역문 양쪽 모두에 충실할 수 없습니다. 번역가가 좋은 번역 결과물을 만들기 위해서는 번역 텍스트의 장르와 목표 독자, 그리고 번역본이 출간되는 사회의 배경을 감안하여 직역과 의역을 적절히 구분하여 사용해야 합니다. 직역과 의역을 선택할 때 고려해야 하는 요소들을 생각해 보겠습니다.

1) **원문의 장르:** 원문의 장르에 따라 번역 방법은 달라집니다. 가령, 계약서, 법률 문서 등은 직역해야만 합니다. 그러나 반대로 시나 노래 가사는 목표 독자에 맞춰서 의역을 하는 편이 좋습니다.

2) **목표 독자:** 목표 독자의 연령대, 교육 정도를 고려해야 합니다. 예를 들어, 영미 소설을 번역할 때, 번역본이 영문과 대학생을 위한 것이라면, 원문을 직역하고 그에 주석을 다는 것이 좋습니다. 이 방법은 학생들이 원문에 나타나는 새로운 문화 배경과 저자의 의도를 좀 더 그대로 접할 수 있도록 도와줍니다. 그렇지만 일반인을 대상으로 한다면, 의역이 좋습니다. 빅토르 위고의 『레 미제라블』은 원전에서 일반인을 위한 번역으로 의역되면서 분량의 5분의 1 정도로 축소되고 내용도 바뀌었는데

그럼에도 불구하고 우리나라에서는 큰 인기를 얻은 세계 문학 작품입니다. 또한 목표 독자가 어른인가, 아이들인가에 따라 다른 선택을 할 수 있습니다. 아이들을 위한 번역의 경우 아이들의 눈높이에 맞추어 쉽게 풀어 번역하는 의역이 좋습니다.

3) 번역본이 출판되는 국가: 영국은 의역을 선호하는 반면 우리나라는 직역을 선호합니다. 영국의 경우 번역본은 적극적으로 영국 독자들이 읽기 쉽도록 의역되는 경우가 많습니다. 2016년 맨부커 상(The Man Booker International Prize 2016)을 받은 데보라 스미스Deborah Smith의 경우를 예로 들자면, 스미스는 한강 작가의 『채식주의자The Vegetarian』를 영어로 옮기면서 전체 책 분량의 절반 정도를 의역했습니다. 스미스 자신이, "번역이란 창조적인 다시 쓰기(translation is creative rewriting)"라고 강력히 주장할 정도니까요. 반면, 우리나라에서는 철저히 원문을 그대로 옮기는 번역을 선호합니다. 번역본이 원문과 동일하지 않으면 오역이라고 간주하는 경우도 자주 발생합니다.

이제 직역과 의역 중 어떤 번역이 좋은 번역인지 고민하지 마세요. 좋은 번역문은 직역과 의역을 적재적소에 활용해서 원문의 의미를 왜곡하지 않고 우리말로 유려하고 자연스럽게 옮긴 글을 말합니다. 더 나아가 번역가는 원문과 번역문의 언어뿐 아니라 메타 언어적인 측면을 모두 감안하여 초고를 만들고, 그러고 나서 최선을 다해 여러 번 공들여 고친 번역이 바로 좋은 번역이고 성공적인 번역이라고 할 수 있습니다.

의역과 오역은 명백히 구분해야 합니다.

오역은 의역과 어떻게 다를까요? 오역이란 원래 의미를 완전히 잘못 해석하는 경우, 문장이 조야한 경우, 문장의 앞뒤가 맞지 않는 경우입니다. 예를 들어 오래전에 많은 사람이 좋아했던 〈죽은 시인의 사회〉라는 영화 제목을 생각해 봅시다. 원래 제목은 *Dead Poets Society*입니다. 원문에서 "society"란, 학생들의 취미 클럽, 우리말로 "동아리"를 의미합니다. 그러므로 *Dead Poets Society*를 정확히 번역한다면 '죽은 시인의 작품을 읽는 동아리' 정도로 번역할 수 있겠습니다. 그러나 원문의 "society"를 번역자가 정확하게 그 의미를 파악하지 못하고 사전적인 의미로 "사회"라고 번역을 하면서 영화 제목이 "죽은 시인의 사회"라는 어색하면서도 으스스한 제목으로 오역되었습니다.

6. 기본적인 번역 방법론-비네와 다르벨네

원문의 의미를 정확히 전달하는 직역, 그리고 목표어로 자연스럽게 읽히는 의역의 이상적인 결합은 많은 번역 이론가의 지향점이기도 합니다. 이들 번역 이론가 중 가장 대표적이고 널리 알려진 이론가들은 비네와 다르벨네Jean-Paul Vinay and Jean Darbelnet입니다. 이들은 *stylistique comparée du français et de l'anglais*(불어와 영어의 비교 문체론)이라는 책을 함께 저술하였는데, 영어와 불어의 비교 문체론적 연구를 통해 영어와 불어 간의 차이점을 규명하였습니다. 또한 이들은 영어와 불어의 언어 간 차이점에 근거한 번역 방법론을 제안했는데 이들의 연구는 불어와 영어 번역뿐만 아니라 다른 언어들 사이의 번역 방법론을 집대성하는 데도 큰 영향을 주었습니다. 여기서는 비네와 다르벨네가 제안한 번역 방법론을 정리하고 그들의 이론 틀에 영어와 한국어의 번역을 적용시켜 보겠습니다.

비네와 다르벨네는 번역의 범주를 크게 "직접 번역(Direct Translation)"과 "간접 번역(Oblique Translation)"으로 나눕니다. 그들이 말하는 "직접 번역"은 이전에 보여 드린 "직역"과 유사하며, "간접 번역"은 이전에 언급한 "의역"과 유사합니다. 비네와 다르벨네가 제시하는 두 가지 번역 범주는 다음과 같은 일곱 가지 번역 절차로 구성됩니다. 이를 먼저 간단하게 정리하면 다음과 같습니다.

① 직접 번역: 차용(Borrowing)-모사(Calque)-축자역(Literal translation)
② 간접 번역: 치환(Transposition)-변조(Modulation)-등가(Equivalence)-번안(Adaptation)

1) 차용: 차용은 SL의 어휘를 발음되는 그대로 TL로 표기하는 번역 방법입니다. 예를 들어, 한국어 "김치"를 영어로 "Kimchi"라고 발음나는 대로 표기하거나, 영어의 "sunglass"를 한국어 "선글라스"로 표기하는 번역을 말합니다.

2) 모사(calque): 모사는 특별한 종류의 차용으로, SL의 특정한 표현이나 구문을 발음 그대로 번역하는 것을 말합니다. 여기에는 주로 관용구나 속담이 포함됩니다. 가령, 영어의 "Merry Christmas"가 한국어로 "메리 크리스마스"로 음차 번역되는 번역 과정을 말합니다. 차용과 모사는, 둘 다 발음되는 대로 문자화한 표기 방법이지만, 모사는 고정된 표현이나 관용어에만 사용된다는 차이점이 있습니다.

3) 축자역: 축자역은 단어 대 단어의 번역을 의미합니다. 가령, 영어의 "good morning"을 형태와 뜻을 그대로 "좋은 아침"으로 번역하는 경우입니다. "The tiger cannot change its stripes"를 "호랑이는 줄무늬를 바꾸지 못한다"로 번역하는 경우도 이와 마찬가지입니다. 한국어를 영어로 번역할 때, "여름날"을 "summer day"로 번역하는 방법도 여기에 속합니다.

비네와 다르벨네는 직접 번역을 좋은 번역이라고 간주하여서 가능한 "직접 번역(직역)"을 할 것을 권하였습니다. 그들은 직접 번역을 할 수 없는 경우를 다섯 가지로 설명하면서 다음과 같은 경우에는 "간접 번역(의역)"을 할 수밖에 없다고 설명합니다. 그러나 이렇게 의역을 하는 경우라도 SL의 의미가 왜곡되지 않았는지 반드시 확인하길 당부하였습니다.

① 번역본의 의미가 원본과 다른 경우
② 번역본의 의미가 통하지 않는 경우
③ 구조적 상이함으로 인해 원본의 문형을 그대로 옮길 수 없는 경우
④ 번역어의 메타 언어적 경험 속에서 원문과 대응되는 표현이 없는
　경우
⑤ 상응하는 표현이 번역어에 있으나, 언어의 층위(level)가 동일하지
　않은 경우

　비네와 다르벨네는 간접 번역(oblique translation)의 범주를 치환, 변
조, 등가, 번안이라는 네 가지 범주로 제시합니다.

　4) 치환: 치환은 ST가 TT로 번역되면서 품사가 바뀌는 번역을 의
미합니다. 예를 들어, 영어 ST에서 "He got up"이라는 문장이 한국어 TT
의 "그는 일어났다"라는 문장으로 바뀐 경우를 생각해 볼까요.

ST: He got up.
TT: 그는 일어났다.

　위의 밑줄 친 부분에서 동사+부사의 문형으로 나타나는 "got up"
은 번역 과정에서 "일어났다"라는 동사 문형으로 바뀌었습니다. 예를 한

가지 더 들어 볼까요?

> ST: His childhood was filled with happiness.
> TT: 그는 어릴 때 참 행복했다.

위 인용문의 ST에서 with happiness는 문법 구조상 전치사 with와 명사 happiness가 결합된 전치사구로, 직역하면 "행복함을 가지고"로 번역됩니다. 그러나 TT에서는 이것이 "행복한"이라는 형용사로 바뀌었습니다.

5) 변조: 변조는 ST를 직역 또는 치환하였을 때 TT가 문법적으로는 문제가 없지만, 원래 ST의 의미와 관점이 번역 과정에서 변하여 TT에서 어색한 경우에 사용합니다. 예를 들어 다음 문장을 봅시다.

> ST: He was tired of being called a wet blanket by his friends.
> TT1: 그는 친구들이 자신을 젖은 담요라고 하는 데 신물이 났다.
> TT2: 그는 친구들이 자신을 분위기를 깨는 사람이라고 하는 데 신물
> 이 났다.

위 경우의 번역문에서 TT1은 ST의 "wet blanket"을 직역한 번역이지만, "젖은 담요"로 직역하니 이상합니다. 우리말에는 사람을 젖은 담요에 비유하지 않습니다. 그래서 다른 표현을 찾아서 "분위기를 깨는 사람"

으로 풀어서 번역하였습니다.

6) 등가: 등가는 동일한 상황을 묘사하면서도 언어에 따라 서로 다른 문체나 문장 구조로 옮기는 번역을 말합니다. 등가는 특히 관용구나 속담을 번역할 때 유용합니다.

ST: The tiger cannot change its stripes.

TT: 세 살 버릇 여든까지 간다.

위의 ST를 직역하면, "호랑이는 줄무늬를 바꾸지 못한다"입니다. 이 속담은 사람의 좋지 않은 품성이 평생 바뀌지 않음을 의미합니다. 이를 TT에서는 원문의 의미에 상응하는 한국어 속담인, "세 살 버릇 여든까지 간다"로 번역하였습니다.

7) 번안: 번안은 ST의 상황이 TT에 존재하지 않을 경우에 사용하는 방법입니다. 특히 문화 지시어를 번역하는 경우에 사용합니다.

ST: 닭볶음탕

TT: Chicken soup

위의 번역 과정을 살펴보면, ST의 "닭볶음탕"이라는 한국어에 상응하는 영어 표현이 없어서 TT에서는 보는 바와 같이 "chicken soup"라고 번역했습니다.

비네와 다르벨네가 설명하는 일곱 가지 번역 범주는 어휘뿐만 아니라 통사 구조 단위와 메시지에도 적용되고 있습니다. 이들은 나아가 ST에서 TT로 옮길 때 번역자가 따라야 하는 번역 과정을 다섯 단계로 제안하는데, 이 방법은 영어에서 한국어로 번역하는 경우에도 유용하게 사용할 수 있습니다.

[번역의 다섯 단계]

① ST의 번역 단위(units of translation)를 확인한다.

② ST의 기술적(descriptive), 정서적(affective), 지적(intellectual) 내용을 검토한다.

③ ST의 언어외적인 맥락(metalinguistic context)을 재구성한다.

④ ST의 문체적 효과(stylistic effect)를 고려한다.

⑤ TT를 산출하고, 수정한다.

비네와 다르벨네가 제안한 번역 단계에서 첫 단계인 '번역 단위' 확인 작업은 매우 중요한 과정입니다. 여기서 번역 단위란 ST를 분석해서 단위별로 묶은 부분을 의미합니다. 이때 번역 단위는 어휘 단위뿐만 아니라 사고 단위(unit of thought)까지 포함합니다. 예를 들어 영어 텍스트 속에서 "to watch" 혹은 "to eat"과 같이 문법적으로 연결된 단어들, "from time to time", "sincerely yours"와 같은 고정화된 표현들, 그리고 "to glance away"와 같은 의미적으로 연결된 일련의 단어들은 어휘 단위와 사고 단위의 복합체로서, 그 기호가 서로 연결되어 있기 때문에 개별적으로 번역될 수 없습니다.

우리가 비네와 다르벨네의 번역 방법을 따라 ST를 번역 단위별로 나누고 TT로 재구성하는 습관을 들이면, 텍스트를 잘못 번역하는 경우를 줄일 수 있습니다. 비네와 다르벨네는 다음과 같이 번역 단위를 나누어 예시합니다.

> ST: The ancient town of Greenwich / has been / a gateway / to London / for over a thousand years.

그럼 제 수업 시간에 비네와 다르벨네의 번역 방법을 자신의 번역문에 적용한 어느 학생의 분석문을 보여 드리겠습니다.

> ST: Eugene Grant, a management and psychology professor at the Wharton School of the University of Pennsylvania.
>
> TT: 펜실베니아대학교 와튼 스쿨의 조직심리학과 교수, 유진 그랜트

[번역 단위로 분절하기]

> ST: Eugene Grant, / a management and psychology professor / at the Wharton School / of the University of Pennsylvania.

[분석과 적용]

① Eugene Grant-유진 그랜트: 직접 번역 〉 차용(영문 이름은 한국어로 음
차 번역한다)

② A management and psychology professor-조직심리학과 교수: 직
접 번역 〉 축자역 + 간접 번역 〉 치환(문장의 요소인 정관사 a가 삭제되어
문장 구조가 바뀜)

③ At the Wharton School-와튼 스쿨의: 직접 번역 〉 차용

④ Of the University of Pennsylvania-펜실베니아대학교: 직접 번역 〉
차용 + 간접 번역〉 치환('Pennsylvania'라는 지명 번역은 음가 그대로 차용하
였다. 그런데 "the University of"와 'Pennsylvania'라는 지명의 어휘 순서가 영어 원
문에서는 "the University of Pennsylvania"이지만 번역 과정에서 한국어의 어순에
따라 어순을 바꾸었다.)

7. 덧붙이는 말

_____이상에서 나이다의 형태적 번역과 역동적 번역 방법, 그리고 비네
와 다르벨네의 일곱 가지 번역 방법론을 내용으로 하는 직접 번역과 간접
번역론을 살펴보고, 영어와 한국어 번역 과정에 적용해 보았습니다. 이러
한 번역 방법론의 차이를 구별하고 자신의 번역문에 적용해서 연습하는
일은 매우 번거롭고 까다로운 일입니다. 더구나 클릭 한 번으로 번역문이
나오는 AI 번역기 시대에 기본적인 직역과 의역의 구분에 관한 논의는 고

리타분하다고 여기는 사람들도 있을지 모릅니다.

그러나 우리가 직역과 의역에 관해 정확히 파악하고 완전히 소화한다면, 원문의 어휘와 문장 구조, 메시지를 정확하게 분석하여 세밀하고 난해한 문장을 정확하고 유려하게 번역할 수 있습니다. 걷지도 못하면서 날아다닐 수는 없습니다. 텍스트를 적당히 얼버무려 번역하지 말고, 기본적인 번역 방법을 충분히 숙지한 후 번역을 해야 자연스럽고 완성도 높은 번역문이 나옵니다. 앞에서 배운 분석 방법을 잘 익혀 두면, AI 기계 번역문보다 훨씬 훌륭한 번역문을 만들 수 있습니다. 다음 장에서는 AI 번역기와 인간 번역가의 공조관계를 생각해 보겠습니다.

2장   인공지능(AI) 번역기와 인간 번역가

1. AI 번역기의 현재

      최근 인공지능이 급격히 발달하고 구글과 네이버로 대표되는 신경망 기계 번역기가 등장해서 국내 번역 시장이 근본적으로 변화하고 있습니다. 그렇지만 AI 번역기가 인간 번역가 능력의 어느 정도까지 따라올 수 있을지, 그리고 그 시기는 언제일지에 관해서는 번역기 개발자들이나 번역 전문가들 사이에도 통일된 의견을 내지 못하고 있습니다.

      이러한 상황 속에서 현재 언론에서는 AI 번역기가 인간 번역가의 일을 완전히 대체할 수 있는 날이 곧 도래할 것이라는 담론을 양산하는 중입니다. "AI 개발로 인해 조만간 없어질 직업 1위는 번역가"(『매일경제』, 『한국일보』, 2018. 4. 2)라는 기사를 비롯하여, "진화하는 번역기.. 사라지는 번역가?"(『조선일보』, 2017. 1. 18), "내가 이러려고 영어 배웠나, AI가 번역 다 해 주네"(『중앙일보』, 2016. 11. 18) 등의 기사들은 그 제목만으로도 번역가를 꿈꾸는 학생들의 의욕을 꺾어 놓기에 충분합니다.

지난 2017년 2월 세종사이버대학교와 국제통역번역협회의 후원 아래 인간과 AI 번역기의 번역 대결이 세종대학교에서 개최되었습니다. '인간과 기계 중 누가 더 유창하고 정확한 번역을 하는가?'라는 평가 기준 아래 인간 번역가들과 구글 번역기, 네이버 파파고, 시스트란 번역기가 신문기사와 문학 작품을 ST로 삼아서 번역하였습니다. 총 60점 만점에 인간 번역가 팀은 49점, 구글 번역기는 28점, 네이버는 17점, 시스트란은 15점을 받았습니다. 대회는 예상한 대로 인간의 압승으로 끝났습니다. 그렇지만 주최측의 미흡한 준비와 진행, 모호한 평가 방식 등의 한계를 드러내었고, 결과에 승복하지 않는 번역기 제작자들의 불만이 터져 나왔습니다. 인간 번역가들은 안도했으나, 한편으로는 AI 번역기가 번역 속도와 품질 면에서 괄목할 만한 성장을 이루었다는 사실도 인정하였습니다. 일각에서는 이 이벤트가 오히려 제도권의 번역 관련자들이 가진 기계 번역에 대한 경계와 불안감을 들춰내는 계기가 되었다고 평가하였습니다.

한편 우리나라 AI 번역기 개발은 상당히 발전하였습니다. 우리나라에서 기계 번역을 주도하는 업체는 구글, 마이크로소프트, 네이버, 한컴 인더스트리, 시스트란 인터내셔널을 들 수 있습니다. 이들 중 네이버와 구글에 대해 자세히 살펴보겠습니다.

① 네이버: 네이버는 안드로이드, 아이폰용 파파고Papago(에스페란토 어로 앵무새라는 의미) 앱 번역기와 PC버전 번역기를 함께 가동 중입니다. 2016년부터 번역기에 자체 개발한 '인공 신경망 번역 기술

(NMT)'을 도입하였고, 2017년 7월 이후 5천 자까지 번역할 수 있는 기능을 보강했습니다. AI가 문장의 전체 맥락을 이해한 후 구성 요소들을 번역해 주기 때문에 단어 중심으로 뜻을 옮기던 종전의 '통계 기반 번역(SMT)'보다 훨씬 자연스러운 번역이 가능하다는 게 회사 측의 설명입니다. 또한 네이버 파파고는 한국어, 영어, 일본어, 중국어, 스페인어, 프랑스어 서비스를 시작으로 2017년에는 베트남어, 인도네시아어, 태국어 등으로 번역 가능한 언어를 추가하였습니다. 구글 번역기보다 일상 언어 인식에 더 효과적입니다.

② 구글 인공 신경망 번역기(Google Neural Machine Translation): 구글 번역기는 2016년 11월에 인공 신경망 시스템을 장착하여서 기존 구글 번역의 가독성과 정확성을 획기적으로 개선하였습니다. 일반인이 가장 손쉽게 접근해서 클릭 한 번으로 무료 번역을 얻을 수 있으며, 현재 번역 가능 언어 수는 100개 이상입니다. 웹페이지 번역 등과 같은 장문의 번역을 하는 데 효과적입니다.

그러면 AI 번역기의 작동 원리에 관해 알아보겠습니다. 인공지능 기계 번역기에 사람이 병렬 코퍼스를 입력하면 컴퓨터가 학습하도록 만든 것이 작동 원리입니다. 병렬 코퍼스란 한국어 문장과 그에 해당하는 번역된 영어 문장이 쌍을 이룬 단위, 즉, ST와 TT의 쌍을 의미합니다. 입력용으로 한국어 문장을 주고, 출력용으로 영어 문장을 준 다음에 신경망을 학습시키는 것입니다. 여기서 신경망 학습이란, 인간의 두뇌 신경망처럼 입력된 데이터를 바탕으로 스스로 공부하고, 새로운 문장을 학습해 지식을 확장하고 문제를 해결하는 딥 러닝deep learning 기술을 활용하는 학습 방법을 의미합니다. 딥 러닝 기술 덕분에 인공지능 번역기는 이용자가 많을수록 데이터가 더 많이 축적되고, 번역 품질도 향상됩니다.

위에서 살펴본 바와 같이, AI 번역기는 단기간에 번역 속도와 품질 측면에서 크게 성장하였습니다. 이렇게 성장한 AI 번역기의 기능은 인간 번역가의 능력을 얼마나 가까이 따라가고 있을까요? 실제로 AI 번역기의 번역물과 인간의 번역물의 차이를 알아보고자 17세기 영국의 대표적인 시인인 존 던John Donne의 작품을 구글 번역기에 넣어 보겠습니다. 그리고 AI 번역기의 결과물과 고려대학교 영문학과 2학년 학생의 번역물을 비교 분석하고 AI 번역기의 가능성을 생각해 보겠습니다.

2. AI 번역기의 번역과 인간 번역가의 번역

A Valediction: Forbidding Mourning

by John Donne

(앞 부분 생략)

Our two souls therefore, which are one,

Though I must go, endure not yet

A breach, but an expansion,

Like gold to airy thinness beat.

If they be two, they are two so

As stiff twin compasses are two;

Thy soul, the fixed foot, makes no show

To move, but doth, if the other do.

And though it in the center sit,

Yet when the other far doth roam,

It leans and hearkens after it,

And grows erect, as that comes home.

Such wilt thou be to me, who must,

Like th' other foot, obliquely run;

Thy firmness makes my circle just,

And makes me end where I begun.

시인 존 던은 당대를 대표하는 시인이자 뛰어난 설교가였고, 세인트 폴 대성당St. Paul Cathedral의 주임 사제Dean였습니다. 던은 연애시를 통해 사랑하는 사람의 마음을 온갖 비유를 사용해서 대담하면서도 솔직하게 표현합니다. 뜨거운 열정과 냉철한 논리, 해박한 지식을 응집시킨 그의 연애시집, 즉 『노래와 소네트(Songs and Sonnets)』는 20세기의 현대 영미 시인들에게 큰 영향을 주었습니다. 특히 앞의 작품 "A Valediction: Forbidding Mourning"은 그가 쓴 연애시 중에서 가장 유명한 작품에 속합니다. 이 작품은 1611년에 존 던이 외국 여행을 앞두고 부인인 앤 모어

Anne More를 생각하며 쓴 시입니다. 당시 여덟 번째 아이를 임신하고서 건강 상태가 좋지 못했던 아내를 두고 외국으로 떠나야만 하는 시인의 마음이 작품에 스며 있습니다. 특이하게도 이 작품에서 존 던은 남녀 간의 사랑을 황금과 나침반의 다리(컴퍼스)에 비유합니다. 황금과 컴퍼스, 사랑, 왠지 전혀 어울리지 않을 것 같은 이미지를 연결하면서 독자들의 지적인 능력을 끊임없이 자극합니다. 먼저 고려대 영문과 학생의 번역문을 보겠습니다.

A Valediction: Forbidding Mourning

by John Donne

이별: 슬픔을 금하다

지은이: 존 돈

옮긴이: 김예리

Our two souls therefore, which are one,

우리의 두 영혼은 하나요,

Though I must go, endure not yet

나는 가야 하나, 아직 눈물을 흘릴 필요 없소

A breach, but an expansion,

이것은 헤어짐이 아닌 확장이기 때문이요,

Like gold to airy thinness beat

마치 황금이 공기처럼 가볍고 얇게 퍼지듯 말이오.

If they be two, they are two so

우리들의 영혼이 하나가 아닌 둘이라면, 그 이유는

As stiff twin compasses are two:

우리가 마치 한 쌍의 꼿꼿한 컴퍼스 같아서 일거요:

Thy soul, the fixed foot, makes no show

전혀 움직이지 않는, 고정된 다리, 그대의 영혼은

To move, but doth, if the other do.

반대 편 다리가 움직인다면 따라 갈 것이요.

And though it in the center sit,

그리고 중심에 있을 지라도

Yet when the other far doth roam,

다른 쪽이 멀리 움직인다면,

It leans and hearkens after it,

그대는 중심이 기울어지고 귀를 기울일 것이고,

And grows erect, as that comes home.

다시 우뚝 설 것이요, 나머지 반쪽이 돌아온다면.

Such wilt thou be to me, who must,

나에게 당신은 그러한 존재요,

Like th' other foot, obliquely run;

컴퍼스 바깥 쪽 다리처럼, 비스듬히 누워있는 나에게는;

Thy firmness makes my circle just,

그대의 견고함이 내 원을 올바르게 만들어주고,

And makes me end where I begun.

처음 시작한 곳으로 돌아오게 하오, 나를.

　　이제 같은 부분을 번역기를 이용하여 번역한 내용을 보겠습니다.

[Google 번역기 번역] 2018년 10월 산출

발의 : 애도의 금지

그러므로 우리의 두 영혼은 하나이니,

나는 꼭 가야하지만 아직 견디지 못한다.

위반이지만, 확장,

금과 공기처럼 가벼운 느낌.

둘이면 두 가지가 있습니다.

뻣뻣한 쌍둥이 나침반은 둘이기 때문에;

너의 영혼, 고정 된 발은 쇼를 만들지 않는다.

다른 쪽이 움직이면 움직이겠지.

그리고 중앙에 앉아 있지만,

그러나 다른 먼 곳으로 돌아다닐 때,

그것의 뒤에 기대고,

그리고 집에 오는 것처럼 직립 성장합니다.

너는 나에게 그렇게 될 것이다. 누가해야 하느냐?

다른 발 같이, 비스듬히 달린다;

주님의 견고함은 내 원을 만들어줍니다.

그리고 내가 시작했던 곳에서 나를 끝내게 한다.

    위의 AI 번역기의 번역은 학생의 번역물보다 너무도 부족한 번역입니다. 학생의 번역문이 전체적으로 의미가 통하는 데 비해 구글 번역문은 무슨 의미인지 말이 안 되는 부분이 너무 많습니다. 또한 시의 정형성을 살펴보면, 학생의 번역은 각운이 맞아서 각 시행이 정형시답게 잘 연결되는 반면, 번역기의 번역은 각운이 전혀 맞지 않습니다. 마지막으로 시에서 중요한 비유법에 대해서도 학생의 번역보다 번역기의 정확성은 매우 떨어집니다. 이러한 실망스런 결과를 고려해 보면, 인간 번역가의 일을 AI 번역기가 도맡아 할 수 있는 날은 오지 않을 것 같습니다.

    AI 번역기의 특성과 한계를 정리해 보겠습니다. AI 번역기는 원천 텍스트의 장르와 성격에 따라 번역 품질의 차이를 나타냅니다. AI 번역기는 앞서 말했듯이 단순하고 반복적인 내용의 텍스트를 번역하는 데 보다 적합합니다. AI 번역기는 문법적으로 완전한 문장, 단순한 문장구조, 수동태보다는 능동태, 긴 문장보다는 짧은 문장을 잘 번역한다고 할 수 있습니다.

부족한 AI 번역문의 정확도를 높이기 위해 인간 번역가는 텍스트를 번역기에 입력하기 전에 전처리 과정을 거쳐야 할 필요가 있습니다. 전처리란, 기계 번역기에 문장을 입력하기 전에 문서를 최대한 간결하게 만들어 처리하는 과정을 의미합니다. ST에 있는 오탈자를 교정하고, 약어나 축어를 원래의 말로 전환하고, 괄호 안에 삽입된 문장이 있으면 이를 전체 문장에서 분리해서 따로 번역하는 일 등이 전처리 과정에서 해야 하는 작업입니다. 전처리 과정 이외에도 인간 번역가와 AI 번역기의 공조 관계를 다음과 같이 생각할 수 있습니다.

3. AI 번역기와 인간 번역가의 공조

_____구글 번역 최고 담당자인 마이크 슈스터Mike Schuster는 번역기가 산출한 번역물을 완성시키는 데 반드시 인간의 손길이 필요하다는 사실을 강조하였습니다. 그의 말에 따르면, "방대한 데이터를 수집하더라도 번역의 질이 좋은지 나쁜지를 판단해 실제 번역 결과로 제시할 문장과 그렇지 않은 문장을 골라내는 알고리즘을 만드는 것은 반드시 사람이 해야 하는 어려운 작업"이라면서, "알고리즘을 정교화하기 위해 엔지니어는 물론 언어 전문가 등이 나서서 이를 실행하고 있다"고 말했습니다(『조선일보』, 2017. 9. 26).

문학 작품과 같이 복잡하고 의미가 열려 있는 텍스트를 번역하는 데 있어서 AI 번역기는 인간 번역가를 완전히 대체할 수는 없지만 인간에게 매우 유용한 보조 도구로 활용될 수 있습니다. 인간은 AI 번역기를 이용해서 이전보다 더욱 효과적이고 생산적인 결과를 이끌어 낼 수 있기 때문입니다. 그러므로, AI 번역기가 인간을 결코 대체할 수 없다고 하는 사실에만 안심하는 것으로 그치지 않고, AI 번역기를 잘 활용하는 방안을 모색하여야 합니다.

AI 번역기를 이용하면 우선 번역 시간을 줄일 수 있습니다. 기계 번역은 즉각적인 번역 결과를 산출하기 때문입니다. 또한 고유명사나 대명사 표기의 일관성을 유지함으로써 번역 품질의 향상을 도모할 수 있습니다. 게다가 앞의 시 번역의 경우에서도 알 수 있는 것처럼, AI 번역기는 명사를 직역하기, 대명사, 지시사를 일관적으로 번역하기, 그리고 간단한 구문은 인간 번역가의 번역문과 유사한 결과물을 보였습니다.

그러면 AI 시대에 번역기를 활용해서 보다 나은 번역 결과물을 얻기 위해 인간 번역가가 해야 할 일은 무엇일까요?

4. AI 시대의 인간 번역가의 조건

AI 시대인 현재, 다음과 같은 능력을 두루 갖춘 번역가가 필요합니다.

1) 언어적인 능력: 인간 번역가는 원천어와 목표어에 통달해야만 합니다. 두 언어 사이의 어휘의 차이 및 문법의 차이에 대해 해당 언어의 원어민 수준의 지식과 능력을 갖출 필요가 있습니다.

2) **주제에 관한 지식:** 인간 번역가는 자신이 번역하는 주제에 관련된 지식이 풍부해야 합니다. 가령, 외교 통상 분야의 번역을 한다면 그 분야에 대한 전문가급의 실력을 갖추어야 합니다. 만일 ST가 한미 FTA의 농산물에 관련된 계약서라면, 농업과 법률 내용을 잘 알아야 합니다.

3) **사회 언어학적 지식:** 인간 번역가는 ST의 배경과 문맥을 정확히 파악하고 이를 TT에 적합하게 옮길 수 있어야 합니다. 예를 들어서 "우물가에서 숭늉 찾는다" 라는 우리말 속담을 영어로 옮기면서 미국의 모 신문사에서 "looking for scorched—rice water at a stone well" 이라 번역한 경우가 있었습니다. 이 말의 원래 의미를 따라 속도 조절을 해야 한다는 말로 영역을 해야 하지만, 한국어의 사회 언어 배경을 고려하지 않은 상태로 옮겨서 오역을 하였습니다.

4) **담화적 지식:** 형태와 어순에 따라 문장의 의미는 다양하게 나타날 수 있습니다. 다양한 문장 형태 속에서 의미의 차이를 잘 파악하고 이를 TT로 적절히 옮길 수 있는 능력을 갖추어야 합니다.

5) **번역 방법 선택 능력:** 번역 텍스트에 따라 직역할지, 의역할지, 혹은 절충적인 방법을 선택할지 결정할 수 있어야 합니다. 예를 들어 한국어에는 존재하지 않는 영어를 번역할 때, 발음대로 음차 번역할지, 아니면 신조어를 만들지, 혹은 의미를 풀어서 설명할지 등을 적절히 선택할

수 있어야 합니다. 또한 원문이 비문법적인 문장이거나 완전하지 않은 문장일 때 어떻게 번역할지도 현명하게 결정해야 합니다.

6) 기술적 능력: 마지막으로 AI 번역기를 잘 활용할 수 있는 기술 분야의 전문 지식을 갖추는 일이 중요합니다. 또한 기계 번역물을 창조적으로 감수할 수 있는 문체와 표현력이 강한 번역가가 되어야 합니다.

번역은 상호적인 행위입니다. 예부터 번역가는 언어와 문화의 전달자로, 사회적으로 매우 중요한 역할을 했습니다. 이제 AI 시대에 번역은 효율적인 기술을 연마하고 다양한 방법론을 터득한 전문인을 요구하고 있습니다. AI 번역기를 효율적으로 이용하면서 비평가이자 작가의 자질을 갖춘 창조적인 번역가가 장차 번역의 진보를 이끌어 갈 이상적인 번역가입니다. 다음 장부터는 전문 번역가가 알아야 할 다양한 번역 방법론을 소개하겠습니다.

3장　문화 특수어 번역하기 1

1. 문화 특수어의 정의

　　　　문화란 한 사회 집단의 생활과 사고방식을 의미합니다. 한 사회의 문화는 그 사회의 구성원들이 사용하는 언어 속에 오롯이 담겨 있습니다. 서로 다른 문화를 가진 두 나라의 언어를 다루는 일이 바로 번역입니다. 번역가가 ST에 나타난 문화 관련 용어를 TT로 옮기는 경우에는 다양한 요소를 고려해야만 합니다. 그런데 한 사회에는 단일한 문화만이 존재하지는 않습니다. 한 사회에는 여러 하위문화가 있으며, 이에 따라 여러 층위와 종류의 문화 특수어가 존재한다고 하겠습니다.

　　　　이 장에서는 문화 특수어(Cultural Specific Items)의 번역 방법에 관해 알아보겠습니다. 문화 특수어란 "원천어를 사용하는 사회 공동체의 역사, 사회, 경제, 정치, 언어 관습을 둘러싼 고유한 특정 문화에서 비롯된 어휘"(김효중)를 말합니다. AI 번역기가 번역한 문화 특수어들은 대부분 오역입니다. AI 번역기가 사용하는 번역 방법은 직역인데, 단어 대 단어로 옮기는 번역 방법인 직역은 문화 특수어를 번역하기에 충분하지 않습니다. 문화 특수어를 번역할 때는 ST의 저자가 의도하는 맥락 효과를 TT 독자에게 잘 전달할 수 있도록 그 어휘가 사용되는 원천 문화 내의 역사나 특정 인물, 특정 문화, 특정 사건 등에 대한 배경 지식이 반드시 고려되어야 합니다.

이 장에서는 영어 문화권의 문화 특수어를 소개하고, 한국어로 번역하기 어려운 문화 관련어의 종류를 알아봅니다. 또한 번역하기 어려운 ST를 한국어로 번역할 수 있는 방법을 알아보고 이를 실전에 적용시키는 연습을 합니다. 더 나아가 문화 특수어 번역시 발생할 수 있는 번역투 문제와 이에 대한 해결 방안을 찾아보겠습니다.

2. 문화 특수어의 종류

문화 특수어의 종류는 번역학자마다 의견이 다릅니다. 그 중 뉴마크Peter Newmark는 문화 특수어의 종류를 지리적/풍토적 범주의 어휘, 물질적인 범주의 어휘, 사회적 범주의 어휘라는 세 가지로 구분합니다. 뉴마크의 설명에 따라 문화 특수어의 종류를 살펴보겠습니다.

1) 지리적/풍토적 범주의 문화 특수어: 해당 지역의 지리적/풍토적인 특성을 지칭하는 말을 의미합니다. 지리적인 범주의 문화 특수어를 예

로 든다면, 스페인의 산티아고Santiago, 미국의 뉴 헤이븐New Haven이 있습니다. 또 계절이나 기후를 나타내는 어휘들도 대표적인 문화 특수어입니다. 예를 들어 미국의 허리케인hurricane같은 강한 바람을 지칭하는 어휘는 한국어에는 없습니다.

2) 물질적 범주의 문화 특수어: 의·식·주에 관련된 어휘를 말합니다. 먼저 옷을 예로 들면, 일본의 기모노(소매가 넓은 일본의 긴 겉옷)는 일본에만 있는 문화 특수어이며, 사리(인도 여성들이 몸에 감아 입는 면이나 비단으로 만든 긴 겉옷)도 인도의 문화 특수어입니다.

또한 음식 이름이야말로 한 나라의 특징적인 문화를 담고 있는 어휘입니다. 예를 들어 우리나라의 닭볶음탕, 보리굴비, 회냉면 등은 다른 나라 어휘로 등가어가 존재하지 않습니다. 한편, 모양이 비슷해도 맛이나 풍미가 다른 요리들도 있지요. 만두를 예로 들까요. 우리나라의 군만두와 비슷한 모양의 요리가 지구 반대편의 아르헨티나에도 있습니다. 이 요리는 스페인어로 엠파나다empanada라고 하는데요, 만두처럼 속에 고기, 생선, 혹은 야채가 들어가긴 하지만, 한국식 만두와는 다르게 버터 풍미가 강한 파이에 가깝습니다.

한편, 주거지에 관련한 문화 특수어 역시 그 등가어를 발견하기 어려운 경우가 많습니다. 주거지의 경우, 그 규모나 위치에 따라 사회적인 계급을 함축하는 의미를 내포하는 경우가 있습니다. 영국의 주거지를 나타내는 문화 특수어 중에서 cottage와 manor의 예를 들어 볼까요? cottage는 영국에 있는 작은 시골집을 의미하는 반면, manor는 넓은 영지 안에 들어서 있는 저택을 의미합니다. 이런 문화 특수어를 번역할 때 그 어휘 내에 내포된 의미를 포함해서 신중하게 번역을 할 필요가 있습니다.

3) **사회적 범주의 문화 특수어:** ST 문화권의 특정한 사건이나 인물과 관련된 어휘, 또는 취미 활동이나 일에 관련된 어휘, 몸짓 언어 등을 말합니다. 이에 덧붙여 원천 문화권에서 사용하는 속담, 유행어, 은어, 관용구 등도 사회적 범주에 속하는 문화 특수어들에 포함됩니다. 또한 도량형 단위도 문화 특수어에 속합니다. 다른 유럽권의 국가들과 다르게 영국과 미국에서는 고유한 도량형인 ft.나 oz. 등을 사용합니다. 이를 그대로 음차 번역한다면 어느 정도의 거리나 용량을 의미하는지 미국 사회에 익숙하지 않은 사람들은 이해하기 어렵습니다.

3. 문화 특수어 번역 방법

_____문화 특수어를 번역할 때, 음차 번역(borrowing), 상위어로 교체, 친숙한 표현으로 대체, 설명을 추가하는 방법 등을 사용하여 적절히 번역할 수 있습니다.

1) 음차 번역

고유명사를 번역하는 방법은 우선 음차 번역(차용)하는 방법이 있습니다. 한국에 잘 알려진 고유명사인 경우에는 다른 설명 추가 없이 음차 번역을 합니다. 사람 이름을 음차 번역하는 경우에는 성과 이름을 모두 음차 번역하는 것과 이름만을 음차 번역하는 방법이 있습니다. 아래의 1번 예와 같이 우리나라에 아주 많이 알려져서 성만으로도 누구를 지칭하는지를 알 수 있다면 성만 번역하고 그렇지 않다면 2번 예와 같이 성과 이름을 모두 번역합니다.

① ST: Barack Obama

　　TT: 버락 오바마 혹은 오바마

② ST: Colin Firth

　　TT: 콜린 퍼스

사람 이름 이외에 지명도 음차 번역해야 합니다. 영국시의 아버지라고 불리는 초서Geoffrey Chaucer의 작품인 『캔터베리 이야기The Canterbury Tales』에 등장하는 인물 중에 '배스Bath에서 온 아주머니'가 있습니다. 배스는 영국의 지명으로, 고대 로마인이 영국에 이주하여 건설한 온천 도시이기에 도시 이름이 Bath입니다. 초서의 『캔터베리 이야기』에서 가장 유명한 부분 중 하나가 이 사람을 주인공으로 한 이야기인 "The Wife of Bath"입니다. 그런데 이야기의 제목을 구글 번역기에 입력했더니 "목욕탕의 아내"라는 웃지 못할 오역이 나왔습니다(2018년 10월 구글 번역기 산출). 문화적인 배경을 감안하지 못한 인공지능 번역기가 "Bath"라는 지명을 "목욕탕"이라는 보통명사로 오인하여 번역한 것입니다. 따라서 "The Wife of Bath"는 "배스에서 온 부인"으로 번역해야 초서의 의도를 잘 반영한 좋은 번역입니다.

③ ST: The Wife of Bath

Google TT: 목욕탕의 아내

인간 번역가의 TT: 배스에서 온 부인

영어의 문화 특수어를 번역할 때는 우리나라 국립국어원에서 정한 외래어 표기법에 따라 우리말로 바꾸어야 합니다. 국립국어원 외래어 표기법은 클릭 한 번으로 간단하게 알 수 있습니다. 국립국어원 홈페이지(http://www.korean.go.kr)를 반드시 참고해서 외래어를 정확하게 표기하시기 바랍니다.

2) 상위어로 교체

원천어에는 목표 독자들이 알지 못하는 문화 특수어들이 상당히 많습니다. 이 경우에는 해당 어휘의 상위 개념어나, 또는 독자들에게 친숙한 다른 어휘로 대체하여 번역할 수 있습니다. 의미가 통하지 않는 직역을 하기보다는 상위어로 번역하는 융통성을 발휘하는 편이 번역물의 가독성을 높여 줍니다. 여기에서 상위어란, 한 단어의 의미 영역이 다른 단어의 의미 영역의 한 부분일 때 큰 영역의 의미를 가진 단어를 말합니다.

예를 들어, 데보라 스미스가 번역한 *The Vegetarian*에는 음식을 지칭하는 우리나라의 문화 특수어들이 영어의 상위어로 번역된 예를 자주 볼 수 있습니다.

ST: 고통스럽게 몸부림치는 아내의 입술에 장인은 탕수육을 짓이겼다.
TT: My father-in-law mashed the pork to a pulp on my wife's lips as she struggled in agony.

위 예문 ST의 한국 음식명 "탕수육"을 번역할 수 있는 영어 등가어는 존재하지 않습니다. 그래서 번역가는 영국인들이 이 부분을 이해할 수 있도록 상위어인 "the pork(돼지고기)"로 번역하였습니다. 음식명 이외의 또 다른 문화 특수어의 예를 들어 보겠습니다.

ST: Coree has X-acto knives.
TT: 코리는 칼이 있다.

X-acto는 미국산 칼의 고유명사입니다. 한국어에는 이에 대응하는 어휘가 없으므로 상위어인 "칼"로 번역하였습니다.

3) 고유 명사를 친숙한 표현으로 대체

원천 문화권의 고유한 명사들 중에 목표 문화권의 문화 특수어와 유사한 기능을 하는 어휘를 찾아 번역하는 방법입니다. 다음 예에 나오는

spelling bee는 영어 어휘 맞추기 대회를 의미합니다. 이 대회가 TV 프로그램 이름이라는 사실을 감안해서 한국에서도 한때 대유행을 했던 〈우리말 겨루기〉로 대체하였습니다.

> ST: The television shows where contestants compete to write characters
> —the equivalent of a spelling bee— have become national hits.
> TT: TV에서는 참가자들이 단어 철자를 맞추는 ―〈우리말 겨루기〉와 같은― 맞춤법 대회가 전국적으로 절찬리에 방영 중이다.

아일랜드 희곡인 『바다로 달려간 사람들Riders to the Sea』의 한 대목에 나오는 문화 특수어를 예로 들어 보겠습니다. 이 작품의 배경인 19세기 말 아일랜드의 아란섬Aran Island은 척박하고 돌이 많아 농사를 지을 수 없는 곳이며 해풍이 심한 곳입니다. 해풍에 아들 모두를 잃은 노모가 여섯 번째 아들의 장례를 치르는 장면에 나오는 "keen"이라는 어휘는 울음이 섞인 노래를 의미하는 아일랜드의 문화 특수어입니다.

> ST: The keen rises a little more loudly from the women, then sinks
> away.
> TT: 여인들이 곡을 하는 소리가 점점 커지더니, 다시 줄어든다.

신기하게도 아일랜드의 "keen"과 유사한 문화 특수어가 우리나라 장례식에도 있습니다. 우리나라 장례식장에서도 사람들은 곡을 하면서

망자를 보낸 슬픔을 표현하지요. 그러므로 위의 번역본에서 "곡을 하다"로 번역하였습니다.

4) 음차 번역 후 설명 추가

마지막으로 문화 특수어를 번역하는 방법에는 음차 번역을 한 후에 설명을 추가하는 방법이 있습니다. 본문 내에 설명을 추가하거나, 각주 또는 역주를 붙이거나, 책 끝에 용어 해설을 첨가하는 방법이 여기 해당됩니다. 어떤 방법을 쓸 것인가는 번역문의 장르에 따라 다릅니다. 예를 들어 여행 책자나 잡지와 같은 글에서는 본문 내에 설명을 추가하는 한편, 소설 번역은 주로 역주를 사용합니다. 다음에서 더 자세히 설명하겠습니다.

(1) 본문 내에 설명을 추가하는 방법

ST: China's media regulators yanked the popular television shows from Chinese streaming websites Sohu and Youku.

TT: 중국 방송 통신 위원회는 인기 미국 텔레비전 쇼를 실시간으로 제공하는 유명 포털 사이트 소후Sohu와 유쿠Youku에 철퇴를 날렸다.

ST에서 Sohu와 Youku는 우리나라의 네이버나 다음 같은 중국의 유명 포털 사이트입니다. 그런데 이를 음차 그대로 번역하면 그것들이 무엇인지 잘 모르는 한국 독자들은 이해하는 데 어려움을 겪게 됩니다. 이런 불편함을 덜기 위해 소후와 유쿠 앞에 "유명 포털 사이트"라는 설명을 추가하였습니다.

(2) 각주 또는 역주를 추가하는 방법

역주를 다는 방법: 역주는 문장의 중간에 설명이 필요한 말 다음에 괄호를 쳐서 내용을 삽입한 후, 내용의 맨 마지막에 쌍점(:)을 찍고 '역주' 혹은 '역자 주', 혹은 '옮긴이'라고 표시합니다. 다음의 예에 나타나는 Barbara Cartland, John Grisham, 그리고 bridal shower와 같은 영어의 문화 특수어들을 번역자가 한국의 독자들이 알지 못할 것이라고 생각해서 본문 내에 역주를 달아서 원저자의 의도를 이해할 수 있도록 추가하였습니다.

ST: The library consists mainly of Barbara Cartland and John Grisham.

TT: 도서관에는 주로 바바라 카트랜드(로맨스 소설로 유명한 작가: 역주)와 존 그리샘(법정 추리소설로 유명한 작가: 역주)가 쓴 작품들이 가득하다.

ST: Susan is constantly being whisked away to fittings, consultations and bridal showers.

TT: 수잔은 쉴 새 없이 드레스를 입어 보러, 식에 관해 의논하러, 신부 파티(bridal shower: 미국에서는 결혼식 이전에 신부에게 선물을 주는 파티를 연다: 역자 주)에 참석하러 끌려다닌다.

역주로 달기에 너무 내용이 긴 설명은 각주를 다는 방법을 사용해서 표시합니다. 각주는 문장의 중간에 설명이 필요한 부분에 번호를 달고 해당 페이지의 맨 아래 부분에 해당 번호를 다시 기입하고 나서 설명을 추가하는 방법입니다.

(3) 책 끝에 용어 해설을 첨가하는 방법

첨가해야 하는 설명이 길고 그 항목이 많은 경우는 책의 맨 뒷부분에 용어 해설을 첨가합니다. 주로 생소한 개념이 많이 나오는 철학이나 과학 서적들, 혹은 외국 문학을 전공하는 학생들을 위한 문학 작품 번역에 많이 사용됩니다. 예를 들어 1997년에 한국에서 번역된 제임스 조이스James Joyce의 『율리시즈Ulysses』 번역본은 워낙 길이가 방대해서 3권으로 나뉘어 있으며, 이에 대한 설명으로 이루어진 주해본이 또 한 권 따로 출판되었는데 주해본의 분량만 517페이지에 달합니다.

(4) 생략하는 방법

ST가 TT 독자들에게 생소한 표현이면서 글의 흐름을 파악하는 데 그다지 중요성이 높지 않은 문화 특수어의 경우, 혹은 불필요하게 긴 설명은 생략할 수 있습니다. 생략하는 방법을 사용하면 원문의 의미를 명료하고 간결하게 전달할 수 있습니다. 다음 예는 불필요하게 긴 설명을 번역하면서 TT 독자들에게 생소한 인명을 생략한 경우입니다.

ST: I will write the names of people that I just don't care about at all.
George Washington, Ringo Starr, Christina Aguilera, Cleopatra, …

TT: 지금부터 내가 눈곱만큼도 신경 쓰지 않는 사람들 이름을 아래에
    적을 테니까 잘 봐. 조지 워싱턴, 크리스티나 아길레라, 클레오파
    트라, …

위 ST는 TT의 목표 독자를 어린이들로 설정한 아동 문학 작품의
한 부분입니다. 조지 워싱턴, 크리스티나 아길레라, 클레오파트라 등의
아이들도 잘 알 만한 사람 이름은 그대로 음역해서 번역된 반면, 비틀즈
의 멤버였던 링고 스타의 이름은 번역되지 않았습니다.

[모범 번역 맛보기]

① Linden Street: 린든가

② Frank Sinatra: 프랭크 시나트라

③ *Reader's Digest*: 『리더스 다이제스트』(책 이름)

④ Laura Ashley: 로라 애슐리(영국의 인테리어 브랜드: 역주)

⑤ Lake Michigan: 미시간호

⑥ Bed and breakfast: 조식 포함 숙박

⑦ Tsinghua University: 칭화대학교

⑧ People's Daily: 인민일보(중국 관영 매체 신문: 옮긴이)

⑨ icing: 설탕 장식

⑩ Aran Island: 아란섬

4장   문화 특수어 번역하기 2

_____이 장에서는 관용어, 도량형, 대우법, 그리고 완곡어 번역 방법을 알아보겠습니다. 관용어, 도량형, 대우법, 그리고 완곡어 역시 ST의 문화 배경을 완전히 이해하지 못한다면 적절하게 번역하기 어려운 문화 특수어입니다.

1. 관용어의 정의와 번역 방법

1) 관용어란?

관용어란, 관습적으로 쓰이는 속담, 유행어, 은어, 숙어 등을 말합니다. 관용어는 보통 여러 단어가 결합된 형태를 가지며, 원래 단어가 지닌 뜻과는 전혀 다른 새로운 의미로 고착화된 표현입니다.

2) 관용어 번역 방법

관용어는 수사법상 은유적이거나 과장적 성격이 강하며, 함축적이고 간결하기 때문에 그 특성을 잘 살려서 번역하여야 합니다. 관용어를 번역하는 방법으로는 직역하는 방법, 목표 문화의 관용어로 번역하는 방법, 목표어의 유행어로 번역하는 방법, 그리고 의역하는 방법이 있습니다.

(1) 직역하기

영어 속담 한 문장을 예로 들어 보겠습니다.

ST: Still waters run deep.
TT: 고요한 물은 깊게 흐른다.

ST는 "유식한 사람일수록 아는 체를 별로 하지 않는다"라는 뜻입니다. 이에 대응하는 우리말 속담을 찾는다면 아마도 "벼는 익을수록 고개를 숙인다" 정도가 적절할 것입니다. 하지만 원래 영어 속담에 나오는 흐르는 물의 이미지를 살려 생생한 느낌을 그대로 전달하고자 원문을 우리말 어법에 맞게 직역해 보았습니다.

(2) 같은 의미의 관용어로 번역하기

ST의 관용구와 의미가 같은 목표어 관용구로 번역하는 방법이 가장 이상적이라 할 수 있습니다. 한국어의 관용어는 약 4천여 항목이 된다는 사실에 비추어 볼 때, 같은 의미의 관용어를 찾아 번역할 수 있는 가능성은 무척 높습니다. 다음 ST의 "sell sex"의 직역인 "성을 팔다" 보다는 한국어에서 같은 의미의 관용어인 "몸을 팔다"가 보다 적합한 번역이라 하겠습니다.

ST: They are selling sex.

TT: 그들은 몸을 판다.

(3) 목표어의 유행어로 번역하기

같은 의미의 목표권의 유행어로 번역하는 방법이 있습니다. 그런데 유행어를 목표 문화의 유행어로 번역을 할 경우에, 유행어는 말 그대로 특정한 시기에 통용되는 말이므로 일정한 시간이 지나면 그 의미가 통하지 않을 수도 있다는 점을 유의해야 합니다. 예를 들어 다음 ST는 『호밀밭의 파수꾼 The Catcher in the Rye』이라는 미국 소설의 한 부분으로 "말도 안되는 소리" 라는 의미입니다.

ST: Strictly for the birds.

TT1: 김밥 옆구리 터지는 소리라구요(1994년 김욱동 번역).

TT2: 헐~(2018년 번역).

약 20년 간격을 두고 있는 위 두 번역문은 시간적 배경에 따라 유행어가 어떻게 달라지는가를 보여 줍니다. 실제로 위의 TT1을 2018년 우리나라 대학생들에게 물어본 결과 그 의미를 알고 있는 경우가 많지 않았습니다. ST를 2018년도 현재 대학생들이 사용하는 유행어로 번역을 한다면 "헐~"이 되겠지요.

(4) 의역하기

ST에 나타난 관용어의 등가어를 TT에서 찾을 수 없다면, 풀어서 설명을 하는 의역 방법도 좋습니다. 그런데 의역을 하면, ST의 의미를 가장 근접하게 전달할 수 있지만 원래의 ST의 생생하면서도 함축적이며 간결한 느낌이 상실될 수 있습니다. 다음 ST는 다음처럼 의역될 수 있습니다.

ST: The new guy at work sure is an odd duck; he never takes a break.

TT: 사무실에 새로 온 친구는 확실히 별난 인물이야, 절대 쉬질 않아.

위 ST의 odd ducks는 직역하면 '이상한 오리'라는 뜻이지만, 의역하면 '별난 사람'이라는 뜻입니다.

[모범 번역 맛보기] _____

① To ask for trouble: 매를 벌다

② To get something off one's chest: 허심탄회하게 말하다

③ To have green fingers: 식물을 잘 가꾸다

④ To keep in the dark: 비밀을 지키다

⑤ She wears the trousers: 그녀는 여장부다

⑥ A piece of cake: 식은 죽 먹기

---

2. 도량형 단위 번역 방법

_____수량의 개념은 문화와 더불어 발달했습니다. 인류가 식량을 생산하고 보관하며 교환하면서부터였지요. 도량형이라는 의미를 한 글자씩 풀어 보면, 도度는 길이 또는 길이를 측정하기 위한 자, 양量은 부피 및 되, 형衡은 무게 및 저울을 말합니다. 최초의 도량형은 대부분 사람의 몸의 일부분을 기준으로 측정했습니다. 예를 들면, 길이로서는 손가락의 길이나 손바닥의 길이로 한 뼘·두 뼘 등, 부피로서는 양 손바닥으로 가득히 담을 수 있는 양으로서의 한 줌·두 줌 등으로 시작되었습니다. 영어에서 피트feet라는 어휘도 사람의 발foot의 복수형에서 비롯되었다고 합니다.

1875년 세계 각국은 통일된 도량형 제도를 사용하기로 하고, 국제 미터 협약을 체결하였습니다. 현재 미국을 제외한 거의 대부분의 국가가 미터법을 사용하지요. 그래서 번역을 할 때 미터 단위를 음차 번역하는 경우 한국 독자들이 이해하는 데 별 어려움 없이 읽힙니다. 문제는 미국에서 사용하는 도량형을 번역하는 경우에 한국 독자들이 이해하기 어려운 경우가 발생한다는 점입니다. 미국식 도량형 ft.를 넣은 문장을 AI 번역기를 사용하여 번역해 보았습니다.

ST: The fence is 20 feet.

TT: 울타리는 20피트이다.

위 예에서 미국식 피트 개념에 익숙하지 않은 한국 독자들은 20피트가 어느 정도 높이인지 가늠하기 어렵습니다. 그래서 번역기는 별 도움이 되지 않습니다. 도량형 단위를 번역하는 경우에는 음차 번역하는 것 이외에도 한국 사람들이 사용하는 도량형 단위를 괄호 안에 추가하거나 아예 한국식 도량형 단위로 환산하여 번역하는 방법이 좋습니다.

1) 원천 문화권의 도량형 단위로 음차 번역하는 방법

도량형은 음차 번역할 수 있습니다. 그렇지만 미국이나 유럽식 도량형에 익숙하지 않은 독자들에게 음차 번역은 생경한 느낌을 줍니다.

$50: 50달러

One million euros: 1백만 유로

A hundred yards: 1백 야드

2) 목표 문화권의 도량형 단위를 삽입하는 방법

이 방법은 원천 문화권의 도량형 단위에 한국식 도량형 단위를 괄호 안에 삽입하는 번역 방법입니다.

40 yards: 40야드(약 37미터)

3) 목표 문화권의 도량형 단위로 환산하는 방법

이 방법은 ST의 도량형 단위를 한국식 도량형 단위로 환산하여 환산된 수치만을 표기하는 번역 방법입니다.

ST1: a 12-foot-high-fence

TT1: 총 3미터 65센티미터

ST2: 1 mile

TT2: 1.6킬로미터

ST3: a few inches

TT3: 몇 센티미터

ST4: 15 pounds

TT4: 6.75킬로그램

4) 화폐 단위 번역 방법

화폐 단위를 번역할 때는 환율 변화에 유의해야 합니다. 전환율이 일정한 도량형과는 달리 환율은 시시각각 변하기 때문입니다. 화폐 단위의 전환 여부는 번역문이 언제 읽힐 것인가에 따라서 일반적으로 정해집니다. 이럴 때 번역 당시의 환율을 밝혀 주면 독자들이 그 가치를 짐작할수 있습니다.

ST: 50 pound

TT: 50파운드(76,850원: 1파운드는 우리 돈으로 약 1,537원 정도. 2018년 9월 기준-

역주)

3. 대우법 문장(honorific sentence) 번역하기

1) 대우법이란?

대우법은 말하는 사람이 대인관계에 따라 상대방에게 적절한 말씨를 골라 쓰는 방법을 의미합니다. 우리는 말을 할 때 상대방과의 나이, 성별, 사회적인 지위 등을 고려할 뿐만 아니라, 상대방과 내가 얼마나 친한지, 혹은 대화하는 상황이 공적인 상황인지 사적인 상황인지에 따라서 말씨를 골라 사용하지요. 한국어의 대우법은 언어 체계에 깊숙이 뿌리내리고 있으며, 우리 사회의 가족관계, 신분관계, 사회 윤리를 근간으로 합니다. 그런 이유로 대화체를 번역할 때 대우법을 적절하게 사용하는 것은 매우 중요합니다. 반면 영어는 대우법이 발달하지 않았습니다. 그러므로 영어 ST를 한국어 TT로 번역할 때 원문에서 명시되지 않은 대우 표현이 한국어 번역문에는 적절한 대우 표현으로 전환되는 것이 일반적입니다.

2) 대우법의 종류

한국어의 대우법에는 존댓말, 비존댓말이 있습니다. 여기서 비존댓말은 다시 예삿말, 낮춤말로 구분됩니다. 오른쪽의 표 1, 2를 봅시다.

등급		서술법	약속법	의문법	명령법	청유법	
존대	아주높임 (합쇼체)	ㅂ니다 습니다 옵니다 나이다 올시다	오리라	ㅂ니까 습니까 옵니까 나이다	십시오 소서 옵소서	십시다	
	예사높임 (하오체)	오 소 우 구려	리다	오 소 우 구려	오 소 우	오	ㅂ시다
비존대	예사낮춤 (하게체)	네 ㄹ세	ㅁ세	(느)냐 니 랴	어라 려무나 렴	세	
	아주낮춤 (해라체)	(는)다 (는)구나	마	(느)냐 니 랴	어라 려무나 렴	자(꾸나)	

표 1 격식체

등급		서술법	약속법	의문법	명령법	청유법
존대	두루높임 (해요체)	어요 지요 (는)군요 ㄹ걸요	ㄹ께요 지요	어요 지요 (는)가요 ㄹ까요	어요 지요	어요 지요
비존대	두루낮춤 (해체)	어 지 군	ㄹ께 저	어 지 나	어 지	어 지

표 2 비격식체

3) 대우법 번역 방법

영어 대화체 문장을 우리말로 번역할 때는 한국 문화권에 적합한 자연스러운 대화체로 만들어야 합니다. 특히 문학 작품에 나오는 대화체를 번역할 때는 대화가 일어나는 시점과 장소, 상황 등의 문화적 양상을 잘 살펴보아야 합니다. 그리고 대화를 나누는 사람들의 나이, 성별, 지위, 친소관계를 고려해서 원작을 왜곡하지 않는 범위에서 번역합니다. 앞에서 보여 드린 우리말 대우법 표를 기준으로 다음 두 가지 문학 작품 번역을 생각해 봅시다.

먼저 우리에게 소설과 영화로 잘 알려진 『프랑켄슈타인, 근대의 프로메테우스Frankenstein, or, The Modern Prometheus』의 한 부분을 번역해 봅시다. 이 작품에서는 스위스의 물리학자 프랑켄슈타인 박사가 신장 244㎝의 괴물을 만듭니다. 박사는 괴물이 완성되었을 때부터 괴물을 혐오하고 괴물 역시 자신을 책임지지 않는 박사에게 반항합니다. 다음 ST는 박사와 괴물 간의 갈등이 가장 첨예하게 대립되는 대화입니다.

> ST: Victor Frankenstein: "Begone! I do break my promise; never will I create another like yourself, equal in deformity and wickedness."
> The Monster: "Slave, I before reasoned with you, but you have proved yourself unworthy of my condescension. Remember that I have power; you believe yourself miserable, but I can make you so wretched that the light of the day will be hateful to you. You are my creator, but I am your master; - obey!" (Shelley)
> TT: 빅터 프랑켄슈타인: "사라져 버려라!(격식체, 아주낮춤, 해라체) 약속을 깨부수겠다.(격식체, 아주낮춤, 해라체) 내 다시는 너 같은 기형적이고 악한 존재를 만들지 않겠단 말이다"(격식체, 아주낮춤, 해라체).

괴물: "노예여, 그토록 설명을 해 주었건만. 예의 차릴 가치도 없는 인간임을 스스로 증명하는군(두루낮춤). 칼자루를 쥔 쪽은 나란 사실을 명심하시오. 스스로 비참하다고 생각하겠지만 난 당신을 더 불행하게 만들 수 있소(예사높임). 날이 밝아 오는 것조차 증오스럽게 만들 수 있단 말이지(두루낮춤). 당신은 나의 창조자이지만 난 당신의 주인이오. 복종하시오!"(예사높임).

ST에서 박사의 말은 괴물에게 격한 반감과 혐오감을 나타냅니다. 박사는 스위스의 이름 있는 물리학자입니다. 그의 사회적 지위와 교육 배경을 고려해 보면 그의 말은 격식 있는 말투가 자연스럽기에 전체적으로 박사의 말에 격식체를 사용해서 번역하였습니다. 그리고 박사의 격앙된 감정과 괴물에 대한 혐오감을 부각하기 위해서 격식체에서 아주낮춤, 해라체를 사용하여 번역하였습니다.

반면에 괴물의 말은 비격식체를 사용하여서 괴물의 비천한 지적, 사회적 상태를 드러내도록 하였습니다. 괴물의 말은 이전의 종속된 창조물의 입장에서 벗어나 무력을 사용해서 박사를 제압하려는 의도를 반영합니다. 이러한 급변하는 심리를 부각하기 위해 TT에서 괴물의 대우법이 오르락내리락하도록 변화를 주어 번역해 보았습니다. 예사 높임인 하오체를 사용했지만 중간 중간에 감정이 격해진 경우나 자조적인 느낌이 강한 부분에서는 두루낮춤인 해체를 사용해서 번역하였습니다.

다음 ST는 셰익스피어의 희곡, 『앤토니와 클레오파트라*Antony and Cleopatra*』에서 발췌한 부분입니다. 이 작품의 주인공 마크 앤토니와 클레오파트라의 위계관계는 복잡한 양상을 띱니다. 이 작품의 배경은 이집트인데 당시 이집트는 로마의 지배를 받았습니다. 클레오파트라는 이집트의 여왕이고 마크 앤토니는 이집트에 파견을 나온 로마의 집정관입니다. 두 사람은 서로 높임말로 존대를 해야 하는 공적인 관계입니다. 그런데 이들의 관계가 연인관계로 발전하고 앤토니는 사랑하는 클레오파트라의 곁을 못 떠납니다. 철저한 가부장 사회인 로마의 관습을 고려하면 앤토니는 분명 클레오파트라보다 서열이 높습니다. 그렇지만 사적인 공간에서 두 사람의 대화는 앤토니가 클레오파트라에게 심리적으로 종속되어 있다는 것을 보여 줍니다. 이러한 조건은 두 사람의 관계를 보여 주는 대사에 사용되는 대우법 역시 복잡하면서도 다양하게 번역될 가능성을 남깁니다.

앤토니가 클레오파트라에게 꼼짝없이 종속되었다는 사실은 그가 로마의 집정관 자리를 포기하고 이집트에 살기로 하는 결정에서도 잘 드러납니다. 앤토니는 급기야 로마를 상대로 악티움Actium해전에 클레오파트라와 함께 출전합니다. 그는 클레오파트라 수하의 장군으로서 여왕과 이집트를 위해 싸웁니다. 그리고 전쟁이 최고조에 다다르고 승리가 임박했던 시점에서 돌연 앤토니는 무조건 도망하는 클레오파트라의 뒤를 따라갑니다. 다음은 절망하는 앤토니의 대사와 그에 대한 클레오파트라의 대답입니다.

ST: Antony: Egypt, thou knewst too well

My heart was to thy rudder tied by th'strings

And thou shouldst tow me after. O'er my spirit

Thy full supremacy thou knewst, and that

Thy beck might from the bidding of the gods

Command me.

Cleopatra: Oh, my pardon!

Antony: Now I must

To the young man send humble treaties; dodge

And palter in the shifts of lowness, who

With half the bulk o'th'world played as I pleased,

Making and marring fortunes. You did know

How much you were my conqueror, and that

My sword, made weak by my affection, would

Obey it on all cause.

Cleopatra: Pardon! Pardon!

Antony: Fall not a tear, I say; one of them rates

All that is won and lost. Give me a kiss. [they kiss]

Even this repays me. (Shakespeare)

TT: 앤토니: 여보, 이집트 여왕,

내 마음은 당신의 키에 끈으로 묶여 있어서 내가 끌리리라는 것
은 당신도 잘 알 수 있잖소. 글쎄 내 정신은 온통 당신 지배를 받
고 있어서, 당신의 부름이면 명령을 거역하고라도 갈 수밖에 없
잖소.

클레오파트라: 아, 용서하세요!

앤토니: 이제는 그 젊은 작자에게 비굴하게 강화를 청하고 영락
한 사람으로서 말을 얼버무리고 속임수라도 써 봐야겠소. 천하의
반을 맘대로 주무르고, 왕국들을 세우고 하던 이 내가 말이요. 당
신은 잘 알구 있잖소. 당신이 얼마나 날 정복하고 있는지, 그리고
이 칼은 오직 정 때문에 약해진 이 칼은 오직 정에 순종할 수밖에
없다는 것을.
클레오파트라: 용서하세요 네, 용서하세요!
앤토니: 제발 눈물은 쏟지 마오. 그 한 방울 한 방울은 내가 얻고
잃은 전부와 같으니까. 자 키스합시다. [서로 키스한다.] 이것만
이 내게는 보상이 되오.

TT의 두 사람 관계는 아무리 앤토니가 클레오파트라를 위해 사회
적으로 가진 것을 다 버리고 심리적으로 종속된 입장이라 하더라도 전통
적인 가부장적 남녀관계의 구도를 벗어나지 않습니다. 그래서 앤토니가
클레오파트라에게 격식체의 존대를 하는 것으로 앤토니의 말을 번역하
였습니다. 이러한 번역을 통해 저는 앤토니를 여전히 점잖고 격식을 중시
하는 로마의 지도자이자, 가부장적인 권위를 지키는 점잖은 남성으로 그
려 보았습니다. 같은 맥락에서, 클레오파트라의 말은 비격식적인 존대인
두루높임(해요체)을 사용하여 번역했습니다. 상대방을 높이면서 비격식체
의 대우법을 사용하는 클레오파트라는 한 나라의 군주의 모습도 아니고
사적으로도 앤토니를 지배하는 강력한 여성이기보다는 연인의 눈치를
살피며 용서를 구하는 여인으로 나타납니다. 이러한 번역은 앤토니에게

복종하는 전형적인 가부장적 여성형으로 클레오파트라의 성격을 재현한다고 할 수 있습니다.

[모범 번역 맛보기]

위의 『앤토니와 클레오파트라』의 대화 상황을 감안해서 다음 ST를 우리말로 번역해 보겠습니다. 악티움해전에서 이집트가 결국 로마에게 참패하자, 클레오파트라는 시저와 협상을 해서 정치적인 위기를 극복하려 합니다. 그녀는 이집트의 여왕으로서 이집트를 안전하게 할 수 있는 방법을 모색하면서 시저의 마음을 돌리기 위하여 공손한 태도로 협상에 임합니다. 이를 본 앤토니는 불같은 질투와 배신감에 사로잡혀서 클레오파트라를 공격합니다. 다음은 두 사람의 말싸움입니다.

ST: Cleopatra: I must stay his time.

Antony: To flatter Caesar would you mingle eyes

With one that ties his points?

Cleopatra: Not know me yet?

Antony: Cold- hearted towards me? (Shakespeare)

TT: 클레오파트라: 나는 참고 기다릴 수밖에.

앤토니: 시이저에게 아첨하느라고 시이저의 바지 끈을 매 주는 놈 따위를 정답게 봐 주다니?

클레오파트라: 그래두 제 마음을 잘 모르십니까?

앤토니: 냉정한 마음이지 뭐요?

두 사람의 대화에서 가부장적인 관계를 잘 나타내는 번역을 하려 노력하였습니다. 앤토니는 존대를 하지만 비격식체를 사용하여서 이제는 그가 이제는 공적인 집정관으로서가 아니라 사적인 연인으로서 클레오파트라를 대하고 있음을 재현했습니다. 같은 맥락에서 클레오파트라는 공적인 아주높임체인 "…니까?"를 사용하여서 자신을 앤토니보다 낮추는 느낌을 전달하였습니다.

---

4. 호칭 번역 방법

_____대화를 번역할 때 가능하면 원문을 그대로 번역하는 것이 최선이지만, 신분관계를 드러내거나 가족관계를 나타내는 호칭을 덧붙여 의역을 해야 우리말의 어법에 맞는 적절한 번역이 됩니다. 예를 들어, 영어권에서는 공적인 상하관계라도 당사자의 동의가 있다면 그 사람의 이름을 부르는 것이 보통입니다. 하지만, 우리나라에서는 공적인 영역에서 화자가 자신보다 사회적인 위치가 높은 사람의 이름을 부르는 것은 거의 있을 수 없는 일이지요. 친족관계를 나타내는 호칭도 영어권과 우리나라의 경우는 그 사용법이 확연히 다르다고 할 수 있습니다.

1) 공적인 관계의 호칭

한국어에서 공적인 위치를 나타내는 경우에는 '최성희 선생', '문재인 대통령', '반기문 유엔 사무총장' 등 이름과 함께 직함을 사용합니다. 다음 예는 병원에서 일어나는 상황을 우리말로 번역하는 경우입니다. 의사인 피터Peter가 병원에서 같이 일하는 손위 선배 의사인 레지날드 허턴 Reginald Hutton을 예상치 않은 장소에서 우연히 마주쳐서 부르는 장면입니다.

ST: "Reginald?" said Peter in surprise.
TT: 허턴 선생님? 피터가 놀라 말했다.

우리말에서는 손윗사람을 부를 때 통상적으로 이름 대신 성을 부르면서, 성 뒤에 직함을 붙여 상대에 대한 예의를 표시합니다. 그러므로 위의 TT에서는 레지날드의 성인 허턴으로 바꾸어 번역하였습니다. 또한 우리나라에서는 의사를 부를 때 '선생님'이라는 호칭을 일반적으로 사용하기 때문에 "허턴 선생님"이라고 번역하였습니다.

2) 친족의 호칭

우리말 친족 호칭은 영어보다 세분화되어 종류가 많습니다. 그래서 ST에 나오는 호칭은 우리 문화에 맞는 호칭으로 번역하여야 자연스럽습니다. 예를 들어, 영어 "aunt"를 번역할 경우, 우리말 대응어는 아줌마, 이모, 고모 등을 사용해서 번역하고, "sister"인 경우는 언니, 누나, 여동생 등이 있을 것입니다. 그런데, ST의 인물들의 인척관계를 확실히 번역하기 어려운 경우가 있습니다. 특히 소설이나 희곡 작품들에 나오는 가상의 인물들의 인척관계를 규명하기는 쉽지 않습니다. 이런 경우에는 우선 작품을 꼼꼼하게 읽어 사람들 사이의 친소관계와 나이 서열관계를 추적하는 것이 가장 바람직합니다.

다음 예문은 중국계 미국인 작가 에이미 탄Amy Tan의 『조이 럭 클럽Joy Luck Club』이라는 소설에서 발췌한 부분입니다. 엄마와 딸이 미용실에 가기 전에 실랑이를 벌이는 장면인데, 직함과 친족에 관한 호칭 번역의 좋은 예를 보여 줍니다.

ST: My daughter is getting married a second time.

So she asked me to go to her beauty parlor, her famous Mr. Rory.

"Auntie An-mei can cut me," I say.

"Rory is famous," says my daughter, as if she had no ears. "He does fabulous work." (Tan)

TT: 내 딸은 두 번째 결혼을 준비 중이다.

그래서 나한테 자기가 다니는 미용실에, 그 대단하다는 로리 원장에게 가자고 했다.

"안메이 이모가 잘라도 돼." 내가 말한다.

"로리 원장은 유명해요." 딸이 내 말이 들리지도 않는다는 듯 대답한다. "솜씨도 좋고요."

ST에는 Mr. Rory라는 미용실 원장이 나옵니다. 원문에는 직함이 나타나지 않고 "Rory"라고만 나타나지만, 우리말 어법에 맞도록 직함을 더해서 "로리 원장"으로 번역하였습니다. 또한 안메이An-mei라는 사람은 두 모녀와 친인척관계는 아니지만, 어머니와 자매처럼 가깝게 지내는 사람이므로 어머니는 안메이의 호칭을 "auntie"로 부르고 있습니다. 때문에 이 부분은 "이모"라는 호칭으로 번역하였습니다. 그래서 번역본에는 "안메이 이모"로 표기하였습니다.

호칭 번역과 관련해서 영어에서 2인칭 호칭인 'you'의 경우에는 우리말로 번역할 때 특별히 신경을 써야 하는 부분입니다. 'you'는 '너' 또는 '당신'으로 번역되기보다는 상대방의 사회적인 직함, 인척 관계의 호칭을 사용하는 것이 더 자연스러운 번역이 됩니다.

[모범 번역 맛보기]

다음 ST는 미국의 청소년 소설 뉴베리상 당선작인 『알 카포네가 내 셔츠를 세탁했어Al Capone does my Shirts』에 나오는 남매의 대화입니다. 15세 소년 무스는 손윗누나인 나탈리와 새 학교에 대해서 이야기를 나누고 있습니다. 두 사람이 사용하는 호칭에 유의해서 번역해 보겠습니다.

ST: "Moose and Natalie go to school," she says.

"Yep, but not the same school, remember?

You're going to this nice place called the Esther P. Marinoff."

I've never been good at fooling Natalie. (Cholenko)

TT: "무스랑 나탈리 학교 간다" 누나가 말했다.

"응, 근데 같은 학교는 아닌 거 알지?

누나는 에스더 마리노프라는 '좋은' 학교로 가는 거야."

난 한 번도 나탈리 누나를 성공적으로 속인 적이 없었다.

ST의 3행에 나오는 "you"는 "너"라고 번역하지 않고 인척관계와 나이 차이를 고려해서 "누나"라고 번역하였습니다. 또한 대명사 "she"도 "누나"라고 번역하였고, "Natalie"라는 이름을 "나탈리 누나"라고 번역해서 우리말의 어법에 맞도록 번역하였습니다.

만약 작품을 끝까지 읽었는데도 화자보다 손위인지 손아래인지 여부를 파악할 수 있을 만한 더 자세한 정보가 없다면 원문 그대로 이름을 쓰는 수밖에 없습니다. 호칭 없이 원문 그대로 이름을 쓴다면 이국적인 느낌이 남아 있어서 번역투의 느낌이 들긴 하겠으나 어중간하게 명칭을 사용하는 것은 원문 저자의 의도를 왜곡할 수 있으므로 피하는 것이 좋습니다.

---

5. 완곡어 번역 방법

_____완곡어euphemism라는 말은 그리스어 '좋게 말하다'에서 유래했습니다. 이 어법은 불쾌하거나 비위에 거슬리거나 공격적인 어떤 것을 언급

하는 경우 이를 직접적이고 솔직하게 표현하기보다는 모호하고 우회적으로 완곡하게 표현하는 것을 말합니다. 완곡어법은 주로 성관계나 죽음, 출산, 냄새와 관련된 표현에서 많이 나타납니다.

완곡어법 역시 관용어나 대우법의 경우와 마찬가지로 그 표현이 사용되는 사회문화 배경에 따라 큰 영향을 받습니다. 예를 들어 최근 우리나라에서 기업들이 '해고' 대신에 '구조 조정'이나 '조기 퇴직'이라는 표현을 사용한다거나, '청소부'를 '환경 미화원'으로, '식모'를 '가사도우미'로 부르는 것도 완곡어법에 해당하는 표현이라 하겠습니다.

완곡어를 번역하는 방법은 관용어 번역 방법과 마찬가지로 우리 문화에서 허용하는 완곡한 표현으로 등가성이 있는 말로 번역해야 합니다. 다음을 우리말의 완곡어법으로 바꾸어 볼까요?

ST1: to share a bed.

TT1: 잠자리를 함께하다.

ST2: pass away.

TT2: 떠나 버리다.

ST3: Correctional facility

TT3: 교화시설

앞의 ST1은 영어에서 "성관계를 하다(to have sex)"라는 의미의 완곡어법입니다. 이를 한국어 완곡어법에 맞추어 번역하였습니다. ST2는 "죽다(die)"라는 의미의 완곡어법입니다. 이를 한국어로 맞추어 완곡하게 번역하였습니다. ST3는 "구치소(jail)"의 영어 완곡어법입니다. 이를 우리말 완곡어법인 "교화시설"로 번역했습니다.

5장　비유법 번역하기

　　　비유법은 말하고자 하는 대상을 다른 대상에 빗대어 언급하는 방법입니다. 비유법은 텍스트의 내용을 꾸며 주는 기능을 해서 독자에게 생생한 느낌을 전달합니다. 그런데 원문의 독자들이 비유법을 통해 느낀 생생함을 번역가가 번역문에 그대로 전달하는 일은 매우 중요하면서도 무척 까다로운 문제입니다. 비유법은 대개 원문의 문화적 특수성을 함축하는 경우가 많아서 그 의미를 적절히 번역하는 일이 수월하지 않습니다. 원문의 비유법을 잘 전달하지 못하는 번역은 단지 독자들의 흥미를 반감시키는 결과로 그치지 않고 원문의 의미를 왜곡하는 결과도 초래할 수 있습니다.

　　　대표적인 비유법에는 직유(simile)와 은유(metaphor)가 있습니다. 직유는 표현하고자 하는 대상 A를 다른 대상 B에 동등하게 연결해서 비유하는 방법입니다. 영어의 직유법은 보통 "as" 혹은 "like"와 같은 어휘로 표시됩니다. 이를 우리말로 번역할 때는 '마치', '흡사', '같이', '처럼', '듯'

등의 연결어를 사용하면 비교적 어렵지 않게 번역할 수 있습니다. 그 예로 영국의 낭만주의 시인인 바이런George Gordon Byron(1788-1824)의 연애시 "She Walks in Beauty"의 한 구절을 번역해 보겠습니다.

> ST: She walks in beauty, like the night
>
>   Of cloudless climes and starry skies; (Byron)
>
> TT: 그녀는 아름답게 걸어요, 구름 한 점 없고
>
>   별 총총한 밤하늘처럼.

위의 ST에 나타나는 "like"는 우리말 "처럼"으로 번역했으며 원문의 느낌을 전달하는 데 문제가 없습니다. 그런데 직유와 대조되는 용어인 은유는 보다 다양한 요소를 감안하여 번역해야 합니다. 이 장에서는 은유 번역 방법을 중점적으로 고민해 보겠습니다.

1. 은유란?

⎽⎽⎽⎽⎽은유법은 표현하는 대상을 다른 대상에 빗대어 표현하는 방법입니다. 'A는 B이다'나 'B인 A'와 같이 A를 B로 대치하는 비유법으로, 표현하고자 하는 것, 곧 원관념(tenor)과 비유되는 것, 곧 보조관념(vehicle)을 동일시하여 다루는 기법입니다. 은유는 기교적인 긴축미와 참신성과 생동감을 불어넣어 주는 역할을 하여서 작품을 풍요롭게 합니다. 영국 시인

오든Wystan Hugh Auden(1907-1973)의 작품 "Funeral Blues"의 한 구절을 읽어
봅시다.

ST: He was my North, my South, my East and West,

My working week and my Sunday rest,

My noon, my midnight, my talk, my song;

I thought that love would last forever: I was wrong. (Auden)

TT: 그는 나의 북쪽, 남쪽, 동쪽, 그리고 서쪽,

내가 일하는 근무일, 휴식하는 일요일,

나의 한낮, 나의 한밤중, 나의 대화, 나의 노래였네. 그런데,

나는 그 사랑이 영원할 거라 여겼지. 하지만 내가 틀렸네.

위 ST에서 시인은 은유법을 사용해서 친구를 잃은 상실감을 이야
기합니다. 독자는 은유를 통해 시인의 슬픔의 정도와 깊이를 생생하게 실
감할 수 있습니다. 시인은 친구의 존재가 자신에게는 모든 세계였고, 살
아가는 모든 시간이며, 행동하는 모든 일상이었다고 빗대어 말합니다. 이
러한 비유법은 시인이 단지 "나는 아주 슬프다"라고 한마디로 말하는 것
보다 저자의 감정을 훨씬 풍부하게 전달합니다.

그렇지만 한 가지의 대상을 다른 대상에 빗대어 지시하는 과정에
서 은유를 사용하는 저자는 원래의 대상과 비유되는 대상물의 유사성이
무엇인지 정확하게 밝히지 않습니다. 그래서 글을 읽는 사람마다 은유에
관한 해석이 다를 수 있습니다. 원문의 1차 독자라고 할 수 있는 번역가

가 은유를 번역해야 하는 경우에 이러한 혼란은 더 가중될 수 있습니다. 이러한 혼란은 비단 어려운 영시에 나오는 은유를 번역할 때만이 아니라 영어 화자들이 일상적으로 사용하는 은유라 하더라도 마찬가지입니다. 그러므로 은유를 번역할 때는 원문의 문화적인 차이나 배경, 저자의 의도를 정확히 알지 못하면 원문의 느낌을 상쇄하거나 오역하기 쉽습니다.

2. 은유법과 AI 번역기

영어에서 일상적으로 쓰이는 은유의 하나인 "white elephant" 라는 표현을 생각해 봅시다. "That is a white elephant" 라는 문장을 구글 AI 번역기에 입력하였더니, "그건 흰 코끼리야"로 번역되었습니다(2018년 10월 산출). 물론 white elephant는 직역하면 하얀 코끼리입니다. 하지만, white elephant가 은유법으로 사용될 때는 '처치 곤란한 애물단지' 혹은 '돈만 들어가는 무용지물' 이라는 뜻을 가지고 있습니다. 문장의 은유적인 배경

을 감안할 수 없는 AI 번역기는 이 문장을 단순히 "그건 흰 코끼리야"라고 번역합니다. 하지만 은유적인 배경을 감안한다면 이 문장은 이 문장의 은유적인 의미인 "그건 무용지물이야"로 번역되어야 합니다. 이처럼 번역기로는 은유법이 잘 번역되지 않습니다.

3. 은유법 이해하기

_____은유법을 번역할 때는 단순히 언어 차원으로 접근하는 것이 아니라 개념 차원으로 파악해야 합니다. 은유법을 연구한 레이코프와 존슨 Lakoff and Johnson은 "은유란 출발어의 개념 영역을 목표어의 개념 영역으로 투사하여 이해하는 인지 기제(cognitive mechanism)"라고 설명합니다. 은유는 출발어의 영역과 목표어의 영역 사이에 유사성(resemblance)을 축으로 결합하는 체계적 대응관계가 성립되어 공통분모가 드러나는 의미론적 전환이며, 이러한 체계적 대응관계를 사상(mapping)이라 칭합니다. 그렇지만 영어와 한국어처럼 서로 문화적인 차이가 큰 언어 사이에서는 사상이라는 체계적인 대응관계가 나타나기 어려우며, 여기에 번역의 난점이 있습니다.

그러므로 은유를 잘 번역하기 위해서 번역가는 원문의 배경을 파악하는 데 머물지 않고, 더 나아가 원문 저자의 의도를 파악하고, 원문 저자와 도착어권의 독자 사이의 감정적인 공감대 여부를 확인해야 합니다. 은유법에는 비유하는 대상에 대한 저자의 평가 기준이 존재합니다. 예를 들어, "puppet government(꼭두각시 정부)"라는 ST를 생각해 봅시다. 저자가 정부를 꼭두각시(puppet)에 비유하는 은유법에는 정부에 대한 저자의 부정적인 평가가 내포되어 있습니다. 이 은유법을 통해서 저자는 정부가 독자적으로 행동할 수 없는 무능함, 판단력과 실행력이 결여된 상태라고 말하고 싶은 것입니다. 국가를 꼭두각시에 비유하는 원문의 표현이 목표어 독자들에게도 그대로 전달되어 감정적인 공감대를 이룰 수 있다면 이 표현은 그대로 단어 대 단어로 번역해도 의미가 통할 것입니다.

감정적 공감대에 기초한 은유 번역 방법을 연구하는 번역학자들은 은유 번역 전략을 결정하는 데 가장 중요한 사항은 스키마schema의 공유 여부라고 주장합니다. 스키마란, 인간의 인지적 개념으로, 외부로부터의 정보를 통합하고 조직화하는 틀을 말합니다. 인간은 어떠한 지각적 심상, 추상적 지식, 정서적 특성, 시간 순서에 관한 정보 등을 자신이 아는 범위 내에서 파악하고 수용합니다. 사람들은 새로운 정보를 접했을 경우 기존의 자신이 가지고 있는 스키마와 비슷한지 아닌지를 판단하며, 스키마를 통해 새로운 지식을 쉽게 흡수할 수 있으며, 어떤 정보를 받아들일지를 선택합니다. 스키마는 변화에 저항적입니다. 그래서 출발어에서의 은유적인 표현이 가지는 스키마가 도착어 독자들의 스키마와 일치하지 않는다면, 그 은유적인 표현은 번역되기 매우 어렵습니다.

예를 들어 영어의 "family tree"라는 표현을 생각해 볼까요? 영어 화자들은 family라는 말과 tree라는 이미지를 함께 떠올립니다. tree는 하나의 뿌리에서 기둥이 나오고 이 기둥에서 여러 개의 가지가 분화되어 나오는 형상을 하고 있습니다. 영어권 화자들은 이러한 이미지를 가족 구성원의 발생 과정에 대응시킵니다. 즉, 하나의 뿌리에서 자라나온 나무 한 그루처럼, 가족의 근원도 과거의 시조와 현재의 후손이 나뭇가지처럼 연결되어있는 것으로 유추합니다. 여기에서 family tree라는 은유적인 표현이 등장했습니다. 그렇지만, family tree라는 은유를 우리말로 직역한다면 "가족 나무"라는 생소한 표현으로 번역되고 원래 영어 표현에서의 은유적인 의미는 왜곡됩니다. 그 이유는 가족을 나무의 이미지에 유추하는 영어 화자의 스키마가 한국인의 가족에 대한 스키마가 일치하지 않기 때문입니다. 한국인들은 동일한 경우에 가족의 개념을 지도 이미지로 유추합니다. 그래서 "가계도"라고 부릅니다. 영어에서의 family tree라는 은유를 번역할 때는 가족 나무가 아니라 가계도라고 번역해야 그 의미가 정확히 전달되는 것입니다. 그러므로 은유를 번역하는 경우에는, 단순히 은유에 있는 언어 자체를 목표어로 치환하려 하지 말고, 번역문을 읽는 독자에게 어느 정도의 해당 문화의 고유 지식과 경험이 공유되는지, 그리고 독자들이 어느 정도의 의사소통에 대한 기대를 가지고 있는지를 고려해야 합니다.

4. 은유 번역 방법

번역학 측면에서 은유법을 연구한 뉴마크는 은유 번역 방법을 일치, 대체, 외연화, 생략, 함축화, 추가, 생략이라는 일곱 가지로 제안합니다.

1) 일치

출발어에서의 은유적 표현이 도착어에도 존재할 때 직역하는 방법입니다.

ST: No man is an island.
TT: 인간은 섬이 아니다.

위의 ST는 영국의 시인 존 던의 설교문 중에 나오는 은유 표현입니다. 던은 인간을 섬에 비유합니다. 이 은유에 쓰인 섬이라는 이미지는 본토에서 유리되어 각각 따로 외롭게 존재하는 대상을 가리킵니다. 그러므로 ST는 '인간은 다른 사람들과 어울려 물리적, 감정적으로 의존하여 살아가는 존재'라는 것을 의미합니다. 한국어 독자들에게도 섬의 이미지는 외로움으로 유추할 수 있습니다. 그러므로 은유에서 나오는 감정이 일치할 때 같은 의미의 은유 표현으로 번역할 수 있습니다.

또 다른 예를 들어볼까요. 모튼 하켓Morten Harket이라는 가수는 "Can't Take My Eyes Off You"라는 노래를 불러서 인기를 모은 적이 있습니다. 이 노래는 우리나라에서도 큰 사랑을 받았는데요, 이 말은 사랑하는 사람이 너무 좋아서 눈을 뗄 수가 없다는 말입니다. 우리말로 직역을 해도 그 의미는 정확히 일치할 수 있습니다. 이러한 경우의 은유는 일치의 방법을 사용해서 "당신에게서 눈을 뗄 수 없네요"로 일치시켜 직역하면 좋습니다.

2) 대체

원문의 은유와 같은 의미를 갖는 우리말의 은유 표현으로 대체하는 번역 방법입니다.

ST1: That guy is a real pain in the neck.

TT1: 그 남자는 정말 눈엣가시야.

ST2: We lived from hand to mouth during the war.

TT2: 전쟁 중 우리는 겨우 입에 풀칠하며 목숨을 부지했다.

영어에 "pain in the neck" 이라는 은유 표현이 있습니다. "pain in the neck"은 일을 많이 시키며 성가신 사람을 지칭하거나 아니면 성가신 일을 의미합니다. 우리말에도 성가시고 괴로운 존재라는 은유적인 표현에 "눈엣가시"라는 표현이 있습니다. 그래서 위의 ST1을 "눈엣가시"라는 말로 대체해서 번역하면, "그 남자는 정말 눈엣가시다"로 번역할 수 있습니다. 물론 ST1을 "그 남자는 정말 성가시고 괴로운 존재다"로 설명으로 풀어서 번역할 수도 있습니다. 하지만 "눈엣가시"라는 은유적인 우리말 표현으로 대체하면 원문에 있던 불편하고 성가시고 괴로운 존재라는 느낌이 생생히 살아날 수 있습니다.

위의 ST2에는 영어의 "lived from hand to mouth"라는 은유 표현이 있습니다. 이를 직역하면 "손에서 입으로 살아간다"입니다. 여기서 "손"은 "돈을 벌다"라는 의미이고 "입"은 "먹는다"는 의미이지요. 즉, "돈을 번 즉시 바로 쓴다"라는 의미겠죠. 이와 유사한 한국어 표현을 고민해 보니 "겨우 입에 풀칠하며 살다"라는 표현이 생각났습니다. 그래서 ST2를 우리말로 대체하여, "전쟁 중 우리는 겨우 입에 풀칠하며 목숨을 부지했다"로 번역하였습니다.

3) 외연화

원문의 은유를 그대로 직역하고 이에 부가적인 설명을 추가하는 방법입니다. 이 방법은 원문의 은유를 직역했을 때 우리말로 그 개념이 적절히 전달되지는 않지만 꼭 그대로 번역하고 싶을 때 사용할 수 있는 유용한 방법입니다.

> ST: Kangaroo courts were staged on the basketball courts.
> TT: 캥거루 재판, 즉 법을 무시한 비공식적인 엉터리 재판이 농구장
>   에서 열렸다.

위 ST의 "kangaroo courts"라는 은유법의 의미는 "누군가를 정당한 절차를 무시하고 부당하게 처벌하는 비공식적인 재판"입니다. 이 표현은 불법적인 엉터리 재판이라는 부정적인 느낌을 전달합니다. ST를 우리말로 번역하는 경우, 캥거루 재판이라는 말을 살려서 번역하고자 한다면, 위의 TT처럼 이 표현을 직역하고 설명하는 부분을 추가할 수 있습니다. 즉, 이 문장은 "캥거루 재판, 즉 법을 무시한 비공식적인 엉터리 재판이 농구장에서 열렸다"로 번역해서 한국 독자들이 캥거루 재판이라는 의미를 파악할 수 있도록 번역했습니다. 이런 번역 방법에는 재판이라는 심각한 주제를 캥거루에 빗대서 말하는 영어의 풍자적인 느낌이 그대로 번역문에 전달될 수 있다는 장점이 있습니다.

4) 은유 표현을 구체적인 기술로 전환하기

이 방법은 원문의 은유 표현에 대해 비슷한 우리말 표현을 찾을 수 없는 경우에 한국어 독자가 이해할 수 있도록 풀어서 설명을 하는 방법입

니다. 이 번역 방법은 번역자의 입장에서는 비교적 쉽게 번역을 할 수 있는 방법이지만, 가능한 은유를 살릴 수 있도록 노력을 하는 것이 원문의 느낌을 생생하게 잘 전달하는 방법입니다.

ST1: You are pulling my leg.
TT1: 나를 놀리는구나.

ST2: It is also something of a red herring.
TT2: 그것 또한 중심에서 벗어난 거야.

위 ST1의 "pulling one's leg"라는 은유는 "놀리다, 농담으로 골나게 하다"라는 의미입니다. 그런데 이를 직역하면 "다리를 잡아당기다"라고 번역되어서, 자칫하면 우리말로 "뒷다리 잡다" 즉, "방해하다"라는 의미로 왜곡될 수 있습니다. 이러한 오역을 막는 방법은 차라리 은유 표현으로 번역하는 것을 포기하고 설명을 하는 방법입니다. 그러므로 위의 ST는 "나를 놀리는구나" 정도로 번역될 수 있을 것입니다.

영어 원문의 은유 표현을 우리말로 풀어서 번역하는 또 다른 예를 들어 보겠습니다. ST2의 "red herring"을 직역하면 "붉은 청어" 혹은 "훈제한 청어"입니다. 하지만 영어 화자들은 이 표현을 "이야기의 중심에서 벗어난 이야기" 혹은 "관심을 다른 데로 돌린다"는 은유로 사용합니다. 그러므로 직역을 하였을 때 의미가 통하지 않거나 대체할 만한 은유를 찾을 수 없는 경우는 우리말을 설명하는 방법으로 번역하는 것이 좋습니다.

5) 은유를 직유로 전환하기

영어 텍스트에 나타나는 은유가 우리말의 은유 표현과 의미가 정확히 같지 않으나 부분적으로 그 의미를 공유하는 경우가 있습니다. 이런 경우는 직유법을 사용해서 번역합니다.

ST: This rise in productivity has kept the inflationary tiger at bay.
TT: 생산성이 증가하여서 호랑이 같은 인플레이션을 줄곧 막고 있다.

위의 ST는 경제지에 자주 나오는 은유적 표현으로, 인플레이션을 호랑이에 비유합니다. 이때 "호랑이"라는 대상은 두려운 존재라는 이미지를 내포합니다. 우리 문화에서도 호랑이는 두려운 동물이지요. 그래서 이러한 경우에는 "~같은"이라는 직유법을 만드는 어휘를 사용하여 번역하는 방법도 좋습니다.

6) 은유를 직유로 바꾸고 부가적인 설명을 추가하기

이 방법은 직유를 사용해서 원문의 은유를 "~처럼"이라는 직유법으로 전환하고, 그 다음에 구체적인 설명을 추가하는 방법입니다. 설명을 덧붙여서 번역문의 의미가 모호해지는 것을 막을 수 있습니다.

ST: Mary is a doll.
TT: 메리는 인형처럼 예쁘다.

TT에서는 원문의 "a doll"이라는 은유를 "인형처럼"이라는 직유법으로 바꾸고 이에 덧붙여 "예쁘다"라는 설명을 넣었습니다.

7) 생략하기

은유 표현이 문맥상으로 그다지 중요하지 않다면 생략할 수 있습니다.

ST: Mary is a doll. She is so pretty.
TT: 메리는 아주 예쁘다.

위의 ST는 문맥상으로 메리가 예쁜 것이 그다지 중요하지 않은 경우입니다. 그러나 원문을 생략할 때는 정말로 생략해도 전체 문맥상 왜곡이 일어나지 않는지 심사숙고한 후 결정해야 합니다.

[모범 번역 맛보기]

1. ST: He has one foot in the grave.
   TT: 그는 거의 죽을 지경이다.
2. ST: The lawyer grilled the witness during cross-examination.
   TT: 변호사는 대질조사를 하면서 증인을 들들 볶았다.
3. ST: The price of houses rose 30 percent between 2016 and 2017, before the housing bubble burst.

TT: 2016년과 2017년 사이에 집값 거품이 꺼지기 전에 집값이 30 퍼센트 상승했다.

4. ST: Art washes away the dust of everyday life from the soul.

TT: 예술은 영혼에 낀 일상의 먼지를 씻어 준다.

5. ST: All the world's a stage, And all the men and women merely players. (William Shakespeare, *As You Like It*, Act 2 Scene 7)

TT: 이 세상은 무대이다. 그리고 모든 남자와 여자는 배우일 뿐이다.

6. ST: Sale growth is flat.

TT: 매출이 제자리걸음이다.

[모범 번역 맛보기]

다음은 T. S. Eliot의 시 "The Love Song of J. Alfred Prufrock"의 한 구절입니다. 이 시에서 시인은 안개를 고양이에 비유합니다. 하지만 고양이라는 단어는 결코 시에서 나타나지 않습니다. 하지만 시인은 안개의 형상을 너무도 고양이처럼 잘 묘사하고 있습니다. 번역해 보세요.

(앞 부분 생략)

The yellow fog that rubs its back upon the window-panes,

The yellow smoke that rubs its muzzle on the window-panes,

Licked its tongue into the corners of the evening,

Lingered upon the pools that stand in drains,

Let fall upon its back the soot that falls from chimneys,

Slipped by the terrace, made a sudden leap,

And seeing that it was a soft October night,

Curled once about the house, and fell asleep.

(뒷부분 생략)

모범 번역

등을 유리창에 비비는 노란 안개가,

콧잔등을 유리창에 비비는 노란 연기가,

혀로 저녁의 구석구석을 핥고,

하수구에 고인 웅덩이 위에 머뭇거리다

굴뚝에서 떨어지는 검댕이를 등에 맞고,

테라스 옆을 빠져나가 갑자기 한번 뛰고는

포근한 시월 밤인 걸 알고는

집 주변을 한 바퀴 돌고, 잠들었다.

6장 　주어와 타동사 구문 번역하기

　　　주어는 영어 문법에서 매우 중요한 문장 요소입니다. 특수한 경우를 제외하고, 영어에서는 주어가 있어야 온전한 문장으로 간주되지요. 주어는 문장의 맨 처음에 위치하고, 주어 자리에는 대개 명사나 대명사가 위치합니다. 그런데 한국어 문법의 주어는 그 기능이나 쓰임이 영어의 주어와 상당히 다릅니다. 한국어 문장에서는 주어의 비중이 크지 않으며, 문장 내에서 자주 생략됩니다. 그래서 번역가가 영어 문장의 주어를 있는 그대로 일일이 한국어로 번역한다면, 그 번역문은 매우 지루하고 어색한 문장이 됩니다. 그러므로 주어를 번역하는 경우에는 영어와 한국어의 문법 차이를 고려해서 번역할 필요가 있습니다. 이 장에서는 영어 문장의 주어를 우리말로 자연스럽게 번역하는 방법을 다룹니다. 특별히 여기에서는 영어 문장의 주어 자리에 대명사나 무생물이 있는 경우, 그리고 무생물 주어가 타동사를 동반하는 경우의 번역 문제를 중심으로 알아보겠습니다.

1. 주어 번역 방법

1) 지시 대상이 분명한 대명사 주어 생략

영어 문장의 주어 자리에 오는 대명사는 그 맥락상 지시 대상이 분명하다면 생략하고 번역하는 것이 좋습니다. 영화 〈Midnight in Paris〉의 한 장면에서 예를 들어 보겠습니다. 주인공 길Gil은 비가 오는 어느 날 밤, 세느강 다리 위를 거닐다 며칠 전 벼룩시장에서 만나 첫눈에 호감을 느꼈던 가브리엘Gabrielle을 보고는 인사를 건넵니다. 다음 길Gil의 말에는 주어인 "나(I)"가 여러 번 나옵니다. 이를 다음과 같이 번역해 보았습니다.

ST: Gil: Hey, Good to see you. What are you doing here?

Gabrielle: I am returning from dinner with my friends. I live near here.

Gil: What's your name?

Gabrielle: Gabrielle.

Gil: Gabrielle, I'm Gil. just moved to Paris this week.

Gabrielle: Oh, I'm sure you'll love it.

Gil: Can I walk with you or can I buy you a coffee? Oh, God, it's starting to rain.

Gabrielle: That's OK. I don't mind getting wet. Paris is the most beautiful in the rain. (Allen)

TT1: 길: 아! 당신을 만나서 반가워요. 여기서 당신은 뭐하시나요?

가브리엘: 나는 내 친구들과 저녁 먹고 돌아가는 중이예요.

길: 당신 이름은 무엇인지요?

가브리엘: 가브리엘이요

길: 가브리엘, 나는 길이예요. 이번 주에 막 파리로 이사왔어요.

가브리엘: 아, 나는 당신이 그것을 좋아하리라 확신해요.

길: 내가 당신과 걸을 수 있을까요, 혹은 내가 당신에게 커피 한잔 살 수 있을까요? 오, 세상에, 비가 오기 시작하네요.

가브리엘: 괜찮아요. 나는 젖는 거 상관없어요. 파리는 비 올 때 제일 예쁘거든요.

TT2: 길: 아! 만나서 반가워요. 여기서 뭐하세요?

가브리엘: 친구들과 저녁 먹고 돌아가는 중이예요.

길: 이름이?

가브리엘: 가브리엘이요

길: 가브리엘, 길이예요. 이번 주에 막 파리로 이사 왔어요.

가브리엘: 아, 파리를 분명 좋아하실 거예요.

길: 함께 걸어도 될까요, 혹은 커피를 한잔 사도 될까요? 오, 세상에, 비가 오기 시작하네요.

가브리엘: 괜찮아요. 젖는 거 상관없어요. 파리는 비 올 때 제일 예쁘거든요.

위 TT1의 주인공 길과 가브리엘의 대화를 봅시다. 이 두 사람이 자신을 지칭할 때 사용하는 주어인 "나(I)"를 우리말로 일일이 번역을 하니 어색한 느낌이 듭니다. 반면에 TT2에서는 주어인 "나(I)"가 적절히 생략되어 있습니다. 그럼에도, TT2가 TT1보다 훨씬 편하게 읽힙니다. 그러므로, 영어 문장에서 대명사가 주어 자리에 오는 경우에 맥락상 그 주어가 누구인지 알 수 있다면 번역 과정에서 생략하는 것이 좋습니다. 즉, 위의 ST에서 주어가 화자인 "나(I)"는 가능하면 생략하는 것이 읽기에 더욱 편안한 글로 번역하는 방법입니다.

여기서 잠깐!!

영어의 대명사가 주어 자리뿐만 아니라 목적어 자리에 위치하는 경우도 문맥상 누구를 의미하는지 알 수 있다면, 그 목적어를 번역 과정에서 생략하는 것이 좋습니다. 위의 ST에서 길이 가브리엘에게 하는 말, "Hey, Good to see you. What are you doing here?"를 볼까요? 이 대사를 TT1에서 처럼 "아! 당신을 만나서 반가워요. 여기서 당신은 뭐하시나요?" 라고 원문의 목적어 대명사 "당신(you)"을 빠짐없이 번역하니 매우 딱딱하고 어색한 문장이 나왔습니다. 또 ST의 "Can I walk with you or can I buy you a coffee?" 라는 문장도 마찬가지입니다. 이 문장을 TT1에서 "내가 당신과 걸어도 될까요, 혹은 내가 당신에게 커피를 한잔 사도 될까요?" 라는 문장으로 번역하면서 빠짐없이 사용한 "당신"이라는 대명사도 무척 거슬립니다. 반면 TT2처럼 목적어 자리에 오는 대명사를 생략하니 훨씬 자연스럽게 번역되었습니다.

TT2: 길: "아! 만나서 반가워요. 여기서 뭐하세요?" … "함께 걸
어도 될까요, 혹은 커피를 한잔 사도 될까요?"

위에서 볼 수 있듯이 영어의 목적어 자리에 오는 대명사는 맥
락상 지칭하는 말이 확실한 경우에 생략을 해 주는 것이 오히려 우리
말에 가까운 자연스러운 번역입니다.

2) 대명사를 구체적인 명사로 대체하기

영어에서는 문장 안에서 명사의 반복을 피하고자 대명사를 자주 사용합니다. 그런데 ST의 대명사를 그대로 한국어로 번역하는 경우에는 그 지시 대상이 모호해지고 문장이 산만해 보이는 경우가 종종 있습니다. 이럴 때는 대명사를 명사로 바꾸는 것이 좋습니다. 한강의 『채식주의자』의 영어 번역본인 *The Vegetarian*의 한 부분을 예로 들어 보겠습니다.

> ST: ··· the executive director's wife chimed in; she had been sneaking sideways glances at my wife's breasts for some time now. "A balanced diet goes hand in hand with a balanced mind, don't you think?" And now she loosed her arrow directly at my wife. ··· "No." ① Her cool reply proved that ② she was completely oblivious to how delicate the situation had become. All of sudden, a shiver ran through me- because I had a gut feeling that I knew what ③ she was about to say next. (Han)
>
> TT1: 전무 부인이 맞장구치며 말했다. 그녀는 아까부터 내 아내의 젖 가슴을 곁눈질로 힐끗 훔쳐보고 있었다. "균형 잡힌 식단과 건강한 정신은 관련이 깊잖아요, 그렇죠?" 이제 그녀는 내 아내에게 그녀의 화살을 직접 날렸다. "아뇨." ① 그녀의 침착한 대답으로 보아 ② 그녀가 이 상황이 얼마나 까다로워졌는지 전혀 눈치 채지 못한 게 분명했다. 갑자기 소름이 몸을 훑고 지나갔다. ③ 그녀가 다음에 무엇을 말할지 직감이 왔기 때문이다.

TT2: 전무 부인이 맞장구치며 말했다. 그녀는 아까부터 내 아내의 젖 가슴을 곁눈질로 힐끗 훔쳐보고 있었다. "균형 잡힌 식단과 건강한 정신은 관련이 깊잖아요, 그렇죠?" 이제 그녀는 내 아내에게 그녀의 화살을 직접 날렸다. "아뇨." ① 아내의 침착한 대답으로 보아 ② 아내가 이 상황이 얼마나 까다로워졌는지 전혀 눈치채지 못한 게 분명했다. 갑자기 소름이 몸을 훑고 지나갔다. ③ 아내가 다음에 무엇을 말할지 직감이 왔기 때문이다.

위의 ST는 주인공인 영혜가 억지로 남편 회사의 부부 동반 회식 자리에 참석한 상황을 묘사한 부분입니다. 이 부분에는 대명사가 많이 나옵니다. 그런데 영어 ST에서 반복되는 여성 대명사 "she"를 TT1에서는 그대로 우리말로 "그녀"로 번역하였습니다. 그리고 나니, ①번부터 ③번까지의 "그녀"라는 대명사가 "전무 부인"을 지칭하는 것인지, 혹은 "영혜"를 지칭하는 것인지 모호해졌습니다.

반면에 TT2는 원문의 대명사 "she"가 가리키는 대상을 구체적인 명사로 번역하였습니다. 그 결과 TT1에서 나타나는 모호함이 사라지고, TT1 보다 잘 읽히는 자연스런 번역문으로 바뀌었습니다. 그러므로 지시 대상이 모호해질 수 있는 대명사가 나오는 경우에는 번역 과정에서 이를 구체적인 명사로 바꾸어 번역하는 방법이 좋습니다.

ST: Seven Daffodils

I may not have a mansion,

I haven't any land,

Not even a paper dollar

to crinkle in my hands,

But I can show you morning

on a thousand hills,

And kiss you and give you

seven daffodils.

TT: 일곱 송이 수선화

나는 저택이 없어요

토지도 없어요.

수중에 쭈글쭈글한

지폐 한 장조차 없어요.

하지만 그대에게

수많은 언덕위의 아침을 보여 주고

키스해 드리고

일곱 송이 수선화를 드릴 수 있어요.

ST: For a long time my wife used to suffer from gastroenteritis, which
    was so acute that it disturbed her sleep. A dietitian advised her to
    give up meat, and her symptoms got a lot better after that.

TT: 제 아내가 오랫동안 위장염으로 고생했어요. 너무 심해서 잠을 설
    쳤죠. 영양사가 아내에게 육식을 포기하길 권했고, 그 이후로 아내
    의 증상이 많이 나아졌어요.

2. 주어가 무생물인 경우의 번역 방법

_____이번에는 주어 자리에 무생물 명사가 위치하는 경우의 번역 방법
을 알아보겠습니다. 주어 역할을 하는 무생물이 포함된 문장을 번역하는
경우에는 특별히 신경을 써야 합니다. 무생물 명사가 주어 역할을 하는
경우, 함께 사용되는 동사가 자동사인가, 타동사인가에 따라서 번역 방
법이 다릅니다. 우선 자동사가 함께 오는 경우의 번역 방법을 알아보겠
습니다.

1) 무생물 주어 구문의 동사가 자동사인 경우 번역 방법

무생물이 주어 역할을 하는 문장의 동사가 자동사인 경우에는 우

리말로 직역을 해도 의미를 전달하는 데 큰 무리가 없습니다. 그 예를 다음의 셰익스피어의 흥미로운 시에서 찾아보겠습니다.

ST: My mistress' eyes are nothing like the sun;

Coral is far more red than her lips' red;

If snow be white, why then her breasts are dun; (Shakespeare)

TT: 내 애인의 눈은 태양과 같지 않아.

산호가 그녀의 입술보다 훨씬 붉다네.

눈이 흰색이면, 내 애인의 가슴은 암갈색이지.

위 ST의 세 개 시행의 주어는 무생물이며, 동사는 모두 be동사, 즉, "is, are, be"입니다. 이 세 개의 동사는 모두 주어의 상태를 묘사하는 자동사로, 우리말로 "이다"라고 직역을 해도 큰 무리가 없습니다.

2) 무생물 주어 구문의 동사가 타동사인 경우 번역 방법

그런데 영어에서는 자동사보다는 타동사가 훨씬 많이 사용됩니다. 자동사와 타동사의 기능을 구분해 본다면, 자동사는 주어가 하는 행위를 표현하는 데 쓰이고, 타동사는 주어가 목적어에 가하는 행위를 표현하는 데 쓰입니다. 영어에서는 무생물 주어가 타동사와 함께 문장을 구성하는 경우가 많습니다. 반면에 한국어에는 능동으로 행동할 수 있는 주체를 생물로 제한하는 특성이 있기 때문에 주어 자리에는 거의 언제나 생물 주어가 자리합니다. 영어의 무생물 주어와 우리말의 무생물 주어의 기능상의 이러한 큰 차이로 인해서, 무생물 주어의 타동사 구문 번역은 매우 까다로운 문제입니다. 다음 예를 한번 볼까요?

ST: What brings you here?

TT1: 무엇이 당신을 이리로 가져왔나요?"

TT2: 당신은 어떻게 여기 오셨나요?

TT3: 어떻게 오셨나요?

위의 ST인 "What brings you here?"라는 문장을 분석해 보겠습니다. ST에서는 "이곳에 온" 사람은 "당신(you)"인데, 주어 자리에 사람이 아닌 무생물인 "무엇(what)"이 자리를 잡았습니다. 이 경우 영어의 구문을 충실히 번역하고자 TT1에서처럼 "무엇이 당신을 이리로 가져왔나요?"라고 번역을 한다면 우리말 어법에 맞지 않는 오역입니다. 우리말에서는 무생물보다 생물이 주어 자리에 오는 것이 자연스러우며, 더구나 무생물이 "~시키다"라는 사역 의미를 내포하는 타동사를 동반하는 경우도 극히 드물기 때문입니다.

이 경우에는 문장의 구조를 그대로 직역하지 말고, 우리말에 익숙한 구조로 바꾸어야 합니다. 가령, 사람을 주어 자리에 두고, TT2에서처럼 "당신은 어떻게 여기 오셨나요?"라고 일단 번역합니다. 이렇게 하면 ST의 목적어 위치에 있던 "당신(you)"이 번역문에서는 주어로 바뀝니다. 그 후 앞에서 배운 바대로, 대명사인 "당신"이 주어 자리에 오는 경우, 문맥상 지시어가 누구를 가리키는지 분명하기 때문에 생략하면서 "당신"도

지웁니다. 그러면 TT3와 같이, "어떻게 오셨나요?"라는 읽기 편한 최종 번역을 도출할 수 있습니다. 무생물 주어가 타동사를 동반하는 영어 문장을 다음과 같은 방법으로 번역하기를 제안합니다.

(1) 번역 방법 1

목적어를 주어로 변환하여 문장 구조를 자동사 문장으로 바꾸기

ST의 목적어를 주어로 변환해서 우리말로 자연스럽게 번역하는 연습을 조금 더 해 보겠습니다.

ST1: The scream scared me.

TT1: 비명 소리가 나를 겁나게 했다.

TT2: 나는 비명 소리에 겁이 났다.

위의 ST1의 주어는 무생물인 "비명 소리(the scream)"입니다. 비명 소리를 주어로 하고 번역을 하니 TT1과 같은 번역이 나왔습니다. ST의 문장은 영어로는 문제가 없지만, 한국어 문장은 어색합니다. 왜냐하면 우리말에는 무생물 주어가 동작의 주체 기능을 하는 경우는 거의 없기 때문이지요. 이러한 경우에는 TT2에서처럼 영어 원문에서의 목적어를 주어 역할을 하도록 번역을 하고 타동사 "겁나게 하다(scare)"를 "겁이 나다"라는 자동사로 바꾸어 주면 우리말 어법에 맞는 좋은 문장으로 완성할 수 있습니다.

ST: Snoopy and Charlie Brown started giggling, not that it bothered
 Woodstock, because they were about to be found.

TT: 스누피와 찰리 브라운은 킥킥 대며 웃기 시작했지만, 우드스탁은
 개의치 않았지, 왜냐면 걔들은 들킬 것 같았거든.

(2) 번역 방법 2

무생물 주어 부분을 부사구로 바꾸어 번역하기

또 다른 좋은 방법은 무생물 주어 부분을 부사구로 바꾸어 번역하기 입니다. 영어와 한국어의 타동사가 서로 구별되는 또 다른 양상은 한국어보다 영어의 타동사의 기능이 훨씬 다양하다는 점입니다. 무생물 주어를 동반하는 타동사가 원인이나 이유를 나타내는 경우에는, 주어를 원인을 나타내는 동사인, "~해서", 혹은 "~때문에"로 바꾸어서 번역합니다. 또한 조건을 나타내는 타동사인 경우는 주어에 "~때문에"로 바꾸어 번역하면 적절합니다. 다음에서 영어 타동사의 가장 큰 범주인 사역동사, 감정동사, 그리고 사역의 의미를 나타내는 타동사들을 중심으로 살펴보겠습니다.

A. 사역동사 구문 번역 방법

영어의 사역동사는 목적어로 하여금 어떤 행동이나 작용을 유발

시키는 타동사를 의미합니다. 영어의 "make, have, let, get" 등의 동사가 이에 속합니다. 그런데 무생물이 주어로 나오는 사역동사 구문을 영어와 같은 구조를 그대로 지켜서 직역하는 것은 자연스럽지 않습니다. 다음 두 가지 예를 들어 보겠습니다.

ST1: Books made us smarter.
TT1: 책들은 우리를 더 영리하게 만들었다.
TT2: 책 덕분에 우리는 더 영리해졌다.

ST2: The scholarships have certainly helped send African girls to school.
TT1: 장학금은 아프리카 소녀들을 학교에 보내는 도움을 주었다.
TT2: 장학금 덕분에 아프리카 소녀들은 학교에 갈 수 있었다.

위의 ST1의 "Books made us smarter"라는 문장을 우리말로 직역해서 "책들은 우리를 더 영리하게 만들었다"라고 번역한 TT1 문장은 우리말로 매우 어색합니다. 그러므로 무생물 주어인 "책(books)"을 원인을 나타내는 부사구로 바꾸면서, TT2와 같이 "책 덕분에 우리는 더 영리해졌다"로 번역하는 것이 좋겠습니다.

마찬가지로 ST2에서도 주어인 "The scholarships"를 원인을 나타내는 부사구 "장학금 덕분에"로 번역하였더니 훨씬 자연스러운 번역문으로 완성되었습니다.

B. 감정을 나타내는 타동사 구문 번역 방법

영어에서 감정을 나타내는 동사(affective verbs)는 대부분 목적어를 동반하는 타동사입니다. 반면 우리말에서 감정을 표현하는 동사는 대부분 목적어가 표면에 나타나지 않는 자동사 혹은 형용사 형태로 나타납니다. 가령, 한국어에서 "화가 난다"라는 동사는 사람을 주어로 하는 자동사이지만, 영어에서는 그러한 감정을 느끼는 사람을 목적어 자리에 두고, 그 사람이 화가 난 원인이 주어 역할을 하는 경우가 더 많습니다. 문화적으로 영어 화자들은 어떤 행위나 작용의 주체를 밝히는 데 익숙하기 때문입니다. 다음 예를 보겠습니다.

ST: The decision is likely to upset a lot of people.

영어 원문의 동사는 "화나게 하다(upset)"이라는 타동사이고 주어는 무생물인 "결정(decision)"입니다. 이 문장을 제 수업의 학생이 다음과 같이 번역하였습니다.

TT1: 그 판결은 많은 사람들을 화나게 할 것 같다.

한국어 기준으로 보았을 때, 이 문장은 어색합니다. 화가 나는 원인을 제공한 "결정"을 원인을 나타내는 부사구로 번역하고, 원문의 목적어 자리에 있는 "많은 사람들(a lot of people)"을 주어로 번역해 보았습니다.

TT2: 그 판결에 많은 사람이 화날 것이다.

　　TT2가 TT1보다 더 간결하고 그 의미가 명확합니다. 감정을 나타내는 타동사가 무생물 주어를 동반하는 문장을 한 가지 더 들어 보겠습니다. 이번에는 제가 수업에서 만난 한 학생의 두 가지 번역을 비교해 보겠습니다.

ST: My funny drawings amused the kids.
TT1: 나의 웃긴 그림들이 아이들을 웃게 만들었다.
TT2: 내가 그린 웃긴 그림을 보고 아이들이 웃었다.

　　여러분은 어느 번역이 맘에 드시나요? TT1보다는 TT2가 우리말 어법에도 맞고 자연스럽지요? 원문의 무생물 주어를 부사구로 바꾸고 목적어를 주어로 번역한 결과물인 TT2가 TT1보다 좋은 문장으로 번역되었습니다. 그런데 사실 위의 문장을 번역한 학생은 같은 사람입니다. 다만 번역을 한 시기가 다릅니다. TT1은 학기 초인 3월에 번역한 문장이고 TT2는 종강할 무렵인 6월에 다시 번역한 최종 결과물입니다. 좋은 번역은 그저 눈으로 보고 머리로 이해하는 것으로 끝나지 않고 이렇게 직접 손으로 써 보고 여러 번의 윤문 과정을 거쳐서 태어납니다. 다음에는 학생들의 초벌 번역과 모범 번역을 보여 드리겠습니다.

1. Just the size of the building amazed her.

   학생 번역: 그 장소의 크기만이 그녀를 놀라게 했다.

   모범 번역: 건물의 크기만으로도 그녀는 놀랐다.

2. His speech would confuse the public.

   학생 번역: 그의 연설은 대중을 헷갈리게 할거다.

   모범 번역: 그의 연설을 들으면 대중이 헷갈릴 것이다.

3. The weather always depressed me.

   학생 번역: 이 날씨는 항상 나를 우울하게 만든다.

   모범 번역: 날씨 때문에 언제나 우울했다.

C. 사역 의미 타동사 번역 방법

사역 의미의 타동사란, 주로 생물 주어로 하여금 어떤 행동을 하게 끔 하거나 감정을 느끼게 한다는 의미를 가진 타동사입니다. 이러한 성격의 타동사들은 주로 무생물을 주어로 합니다. 예를 들어 다음과 같은 문장을 봅시다.

ST: Travel will acquaint you with new customs.

위문장에서 타동사인 "~을 알리다(acquaint)"는 "여행(travel)"이라는 무생물을 주어로 합니다. 이 문장에서 무생물 주어인 "여행"을 "여행을 하면"이라는 부사구로 바꾸어 번역했더니 다음과 같은 깔끔한 번역문이 나왔습니다.

TT: 여행을 하면 새로운 풍습을 알게 될 것이다.

물론 위 번역문을 도출하는 과정에서 대명사 "당신(you)"이라는 주어는 문맥상 알고 있는 대상이므로 생략하였습니다. 말이 나온 김에 여행 얘기를 계속해 봅시다. 저는 수업 시간에 학생들에게 가장 가고 싶은 도시가 어딘지 묻고 투표를 해서 행선지를 정합니다. 그리고 그 여행지의 관광 책자를 번역합니다. 번역을 하는 동안 우리는 비록 몸은 교실에 있지만, 번역을 하면서 그 관광지에 관해 상세히 파악할 수 있지요. 가끔씩 그 장소에 여행을 다녀온 학생의 생생한 후일담을 듣는 건 또 하나의 즐거움이구요.

2018년 1학기에는 학생들과 체코 프라하에 대한 번역을 하던 중 체코의 맥주 〈필스너 우르켈Pilsner Urquell〉 공장에 다녀온 학생의 경험담을 들었던 것도 즐거운 추억이었습니다. 그때 수업에서 다룬 ST 중에서는 다음과 같은 문장이 있습니다. 밑줄 친 사역 의미의 타동사인 "~을 제공하다(offer)"에 유의하면서 문장을 번역해 보았습니다.

ST: Plague's art galleries may not have the allure of the Louvre, but Bohemian art offers much to admire.

TT: 프라하의 미술관은 루브르 박물관만큼 매력적이지 않을 수 있지만, 보헤미안 예술에는 감탄할 만한 요소가 있습니다.

위의 번역에서 눈에 띄는 부분은 "제공하다"라는 의미의 타동사를 앞뒤 맥락을 고려해서 "있습니다"라는 자동사로 변형한 것입니다. 이 부분을 "보헤미안 예술은 감탄할 만한 요소를 제공합니다"라는 무척 어색한 문장으로 번역하는 것보다는 훨씬 잘 번역한 것이라 봅니다. 비슷한 예로 퀘벡 관광 책자에서 한 문장을 선택해서 번역해 보겠습니다.

ST: Fall and spring bring beautiful foliage, dramatically reduced prices and thinner crowds.

TT: 봄, 가을에는 나뭇잎이 아름답습니다. 이때는 한결 낮은 가격으로 한적한 퀘벡을 즐길 수 있습니다.

위의 경우에서도 원문의 "~을 가져오다(bring)"를 그대로 직역한다면, "봄과 가을이 아름다운 나뭇잎을 가져옵니다"라는 어색한 문장으로 번역될 것입니다. 이보다는 앞뒤의 맥락을 고려해서 "아름답다"라는 자동사로 번역하였더니 훨씬 편안한 우리말 문장으로 변화하였습니다. 이제 연습 문제를 번역해 보면서 사역 의미의 타동사 번역을 익히도록 합시다.

[모범 번역 맛보기] _____

1. ST: Credible reports suggest that ISIL has been forcing tens of thousands of people from their homes in sub-districts around Mosul.
   TT: 신뢰할 수 있는 보고에 의하면 ISIL 때문에 주변 지역 주민 수만 명이 모술 내에서 강제 이주하고 있다고 한다.

2. ST: President Park's performance on the job reminded some of her father. (Hancocks)
   TT: 박 대통령의 직무 수행을 보며 그 아버지의 직무 수행이 생각났다.

3. ST: Money from rich countries has trapped many African nations in a cycle of corruption, slower economic growth and poverty. (Moyo)
   TT: 부유한 나라에서 조달하는 자금 때문에 많은 아프리카 국가가 부패, 경제성장 둔화, 빈곤이라는 악순환에서 여전히 헤어나지 못한다.

4. ST: The home environment can undo a lot you try to do at school.

TT: 집안 환경 때문에 네가 학교에서 하려는 많은 일을 쉽게 망칠 수 있을 거야.

5. ST: Otherwise, this disease will have ruined three of us instead of one.

TT: 그렇지 않으면 이 병 때문에 한 사람이 아닌 세 사람이 망가질 거야.

여기서 잠깐!!

    무생물 주어를 동반한 타동사 구문을 직역한 문장이 아주 자연스럽게 나타날 때가 있습니다. 특히 이러한 현상은 날씨를 나타내는 문장에서 자주 보입니다. 예를 들어, A heavy rain hit the country 라는 문장은, "폭우가 전국을 휩쓸었습니다"라는 문장으로 흔히 번역됩니다. 이는 한국어에서 사용하지 않는 타동사 구문으로, 영어 표현을 직역한 것이 고착화된 예시입니다. 그런 예를 한 가지 더 들어 볼까요?

ST: A powerful hot air mass over the Japan pushed up temperatures.

TT: 일본을 뒤덮은 강력한 더운 공기가 기온을 끌어올리고 있
    습니다.

위의 번역은 일기예보 방송에서도 쉽게 들을 수 있는 표현입
니다. 그만큼 우리말이 영어식의 표현에 익숙해졌음을 의미합니다.
그런 점을 생각해 보면 우리 번역가의 할 일은 단순히 언어를 옮기는
일에 그치지 않고 영어식의 표현에 우리말이 잠식되지 않도록 지키는
일입니다.

7장　관계대명사 구문 번역하기

　　　　관계대명사가 있는 복잡한 영어 문장은 AI 번역기를 활용해서 번역하기 어렵습니다. AI 번역기는 문형이 복잡하면서도 긴 문장을 정확하게 파악하는 데 제한적이기 때문입니다. 이 장에서는 관계절 구문을 중심으로 영어와 한국어의 언어적 특성을 감안하면서, 영어 관계절을 한국어로 번역할 수 있는 이상적인 번역 방법을 찾아보겠습니다.

1. 관계절의 정의

　　　　관계절은 머리 명사(head noun)를 한정하거나 수식하는 절(clause)을 의미합니다. 여기서 머리 명사는 선행사를 말합니다. 관계절은 관계대명사가 문장 앞에서 이끄는 절의 형태로 나타나며, 머리 명사 혹은 선행사를 수식하거나 한정합니다. 한국어에서는 관계절이 머리 명사를 수식하거나 한정하는 역할을 한다는 점에서는 영어의 관계절과 동일합니다. 그러나 구체적으로 그 구조와 용법에는 차이가 있습니다.

2. 영어 관계절과 한국어 관계절의 차이

_____영어의 관계절과 한국어의 관계절은 다릅니다. 영어의 관계절에는 문장 관계절, 명사적 관계절, 관형적 관계절의 세 종류가 있지만, 한국어의 관계절은 영어의 관형적 관계절에 해당하는 한 가지 관계절밖에 없습니다. 구체적으로 예시를 통해 살펴보겠습니다.

1) 영어 관계절

영어 관계절은 문장 관계절, 명사적 관계절, 관형적 관계절의 세 종류로 구분됩니다. 그 예를 들면 다음과 같습니다. (Quirk et al.)

a. They are fond of snakes and lizards, which surprises me(문장 관계절).

b. What surprise me is that they are fond of snakes and lizards(명사적 관계절).

c 1. Snakes which are poisonous should be avoided(관형적 관계절: 제한적).

c 2. Rattlesnakes, which are poisonous, should be avoided(관형적 관계절: 비제한적).

문장 a에서 밑줄 친 관계대명사 which는 앞 문장 전체를 지시합니다. 그래서 "나를 놀라게 한 것(which surprises me)"이 지시하는 바는 "그들이 뱀과 도마뱀을 좋아한다(They are fond of snakes)"는 사실입니다. 이 문장은 "그들이 뱀과 도마뱀을 좋아한다는 데 나는 놀랐다"로 번역할 수 있습니다.

문장 b는 관계대명사 "what"이 머리 명사까지 포함하는 경우로 명사적 관계절로 "내가 놀라운 것(What surprise me)"에 해당합니다. b는 "내가 놀란 것은 그들이 뱀과 도마뱀을 좋아한다는 것이다"로 명사화 구문으로 바꾸어 번역할 수 있습니다.

문장 c 1과 c 2는 가정 전형적인 관계절인 관형적 관계절의 예입니다. 관형적 관계절은 그 용법에 따라 다시 제한적 관계절과 비제한적 관계절로 나뉘는데, 문장 c 1은 제한적 관계절, 그리고 문장 c 2는 비제한적 관계절입니다. 문장 c 1은 "독성이 있는(which are poisonous)"이라는 수식 부분이 앞의 머리 명사 "뱀(snake)"을 꾸며 주는 제한적 관형구입니다. 이에 비해서 문장 c 2는 "독성이 있는(which are poisonous)"이라는 수식 부분이 머리 명사 "뱀(snake)"의 뒤에 위치해서 설명을 보충하는 비제한적 관형구입니다.

위에서 말한 문장 a와 같은 문장 관계절과 문장 b와 같은 명사화 관계절은 비교적 쉽게 번역할 수 있습니다. 그러나 위 예문의 문장 c 1과 c 2의 관형적 관계절은 영어에서 사용 빈도가 높으면서도 그 구조와 형태 면에서는 한국어와 차이가 크므로, 이 책에서는 관형절 관계절을 중심으로 알아보겠습니다. 이후로 '관계절'이라는 용어는 '관형적 관계절'을 가리키는 표현으로 사용합니다.

2) 한국어 관계절

　다양한 형태를 가지는 영어 관계절과는 다르게 우리말에는 한 가지 유형의 관계절만 존재합니다. 한국어 관계절의 기능은 영어의 관형적 관계절 기능과 동일합니다. 한국어의 관계절은 한국어에서 관형어의 범주 안에 포함됩니다. 여기서 관형어란 체언 앞에서 체언의 뜻을 꾸며 주는 구실을 하는 문장 성분을 말하며, 이 문장 성분에는 동사와 형용사, 그리고 관형사형이 포함됩니다. 우리말의 관계절은 한정적인 기능을 한다는 점에서 형용사와 매우 유사하며, 관용화소(relativizer) "- ㄴ / 은"을 사용하여 구성됩니다(진실로, 2007). 이와 관련된 예를 하나 들어 보겠습니다.

　a. 민병이는 멋지다.
　b. 민병이는 공부도 열심히 한다.
　c. 멋진 민병이는 공부도 열심히 한다.

　위의 a와 b문장을 관계절화한다면, a에서 형용사 "멋지다"가 한정적 기능을 할 때 관계화소 '-(으) ㄴ'을 첨가하여 b와 결합을 시켜 c에서처럼 '멋진'으로 관계절화하였습니다.

영어는 명사를 지향하는 언어이고 한국어는 동사를 지향하는 언어입니다(이영옥, 2004). 다시 말해 영어는 명사를 중심으로 다양한 표현 방식이 발달하였고, 반면에 한국어는 동사를 중심으로 다양한 표현 방식이 발달했습니다. 명사를 수식하는 역할을 하는 관계절은 명사 지향 언어인 영어에서 많이 사용되고 상대적으로 명사를 덜 지향하는 한국어에서는 영어의 경우보다 덜 나타납니다. 그런 이유로 영어에서 관계절로 나타나는 문장을 한국어에서도 무조건 관계절로 번역하기보다는 그 번역문이 한국어의 언어 구조에 적합한 표현인지를 고려하여 번역해야 합니다.

3. 영어 관계절과 한국어 관계절의 용법상의 차이

이 책에서는 영어 관형적 관계절을 중심으로 다루기로 합니다. 영어 관계절의 용법은 크게 제한적인 용법과 비제한적인 용법으로 나뉩니다.

1) 제한적 용법: 전형적인 명사구 수식구조입니다. 머리 명사 혹은 선행사를 수식하는 의존적인 의미를 전달하며, 형태적으로 쉼표가 없습니다.

2) **비제한적 용법:** 선행사의 부가적인 정보를 제공하거나 주절과 독립적인 사실을 전달합니다. 등위나 병렬구조를 나타내는 경향이 있으며, 형태적으로 쉼표가 있습니다.

영어 관계절에서 제한적인 용법과 비제한적인 용법에 따른 번역 방법은 서로 다릅니다. 보다 깊은 논의를 시작하기 전에 아주 간단한 예를 들겠습니다.

ST1: Dr. Min has three sons who are famous singers(제한절).

TT1: 민 박사는 유명한 가수인 아들이 셋이다.

ST2: He has three sons, who are famous singers(비제한절).

TT2: 민 박사는 아들이 셋인데, 그 아들들은 유명한 가수다.

위의 ST1에서 "유명한 가수들(who are famous singers)"은 "세 아들(three sons)"을 꾸며 주는 제한적 관계절입니다. 이 제한적인 관계절은 머리 명사인 "세 아들"에 대한 묘사를 한정하는 역할을 합니다. 그러므로 이 경우에 우리말 번역은 머리 명사인 "세 아들"을 "유명한 가수이다"라는 관계절이 수식하는 구조로 만들어 줍니다. 그래서 우리말 번역은 "민 박사는 유명한 가수인 아들이 셋이다"가 되었습니다.

ST2인 비제한적 관계절의 경우를 보겠습니다. ST2의 관계절인 "유명한 가수들(who are famous singers)"은 "세 아들(three sons)"에 대한 새로운 정보를 더해 주는 역할을 합니다. 여기서의 비제한적인 관계절을 영어로 풀어서 다시 표현한다면, "and they are famous singers"라는 등위절과 동일합니다. 그래서 TT2에 나타난 바와 같이, 비제한 관계절인 ST2는 "민 박사는 아들이 셋인데, 그 아들들은 유명한 가수다"로 번역되었습니다.

4. 영어 관계절과 한국어 관계절의 구조상의 차이와 번역 방법

＿＿＿명사가 많이 사용되는 영어에서는 머리 명사를 가운데 두고 앞뒤에서 다양하게 수식을 할 수 있는 구조가 발달되어 있습니다. 머리 명사의 앞과 뒤로 영어 문장에서는 구 단위의 수식어가 붙기도 하고 머리 명사 뒤에 관계절이 붙어서 의미를 확장하기도 합니다. 반면에 한국어는 머리 명사(head noun) 뒤에 추가적인 수식어를 첨부할 수 없는 구조로서 주 명사의 앞부분에 여러 가지 형태의 수식어를 첨부하거나 이중 주어, 이중 목적어 등으로 동격의 주어나 목적어를 사용해야 합니다. 번역학자 이영옥(2004)은 아래의 예문을 예로 들면서 영어 관계절의 번역 문제를 설명하고 있습니다.

ST: Take a look at this beautiful new dress of mine that I bought at a department store yesterday with my friend. (이영옥, 2004)

위의 ST에서는 머리 명사인 "dress"의 앞에 수식어 세 가지(this, beautiful, new)와 뒤에 수식어 세 가지(of mine, that I bought at a department store yesterday with, my friend)가 위치하여 머리 명사의 의미를 확장합니다. 그런

데 이러한 ST의 구조를 따라 수식어를 순서대로 번역하는 일이 한국어 구조에는 불가능합니다. 왜냐하면 한국어에는 수식하는 말이 머리 명사의 뒤에는 위치할 수 없기 때문입니다. 이러한 한계를 감안해서 ST에서 머리 명사를 꾸미는 수식어들을 빠짐없이 한국어의 어법에 맞추어 머리 명사의 앞으로 위치시켰더니 다음과 같은 번역문이 나왔습니다.

TT1: 어제 친구와 함께 백화점에서 산 나의 이 예쁜 새 옷을 보세요.
　　　(이영옥)

영어 원문에는 머리 명사를 중심으로 수식하는 말이 앞부분에 세 개, 뒷부분에 두 개로 균형잡힌 구조를 이룹니다. 하지만 한국어 번역인 TT1의 경우 수식을 하는 말이 머리 명사인 "옷"의 앞부분에 모두 몰려 있어서 읽기에 매우 불편한 문장으로 번역되었습니다. 위의 TT1을 보다 자연스런 한국어 문장으로 번역하면 다음 TT2와 같습니다.

TT2: 이 예쁜 새 옷 좀 보세요. 어제 친구와 함께 백화점에서 샀어요.
　　　(이영옥)

즉, 한국어로 번역했을 때 수식어의 가짓수가 너무 많아서 읽기에 불편하다면, 의미의 왜곡이 일어나지 않는 범위 내에서 문장을 분할하여 번역하는 방법이 적절합니다. 다시 말해서 머리 명사가 여러 수식을 받는 경우는 둘 이상의 문장으로 풀어서 번역합니다.

5. 영어 관계절과 한국어 관계절의 격에 따른 분류와 번역 방법

영어 관계절은 관계대명사의 격에 따라 주격, 목적격, 소유격, 그리고 사격(전치사의 보어)으로 나눌 수 있습니다. 영어 관계사의 격에 따른 우리말 번역 예문을 차례로 살펴보겠습니다.

1) 주격 관계사의 번역 예

ST: Your hours will pass in dread and misery, and soon the bolt will fall which must ravish, from you your happiness forever. (Shelley)

TT: 앞으로 당신은 두려움과 고통의 시간을 겪을 것이고, 머지않아 당신의 행복을 영원히 앗아 갈 날벼락이 떨어질 것이오.

위의 예에서 관계대명사 which가 이끄는 내용인 "must ravish, from you your happiness forever"는 주어인 "the bolt"를 수식합니다. 그래서 관계대명사 이하의 내용을 한국어 어법에 맞도록 "날벼락(the bolt)"을 수식하는 구문으로 바꾸어 "당신의 행복을 영원히 앗아 갈 날벼락"으로 번역했습니다.

2) 목적격 관계사의 번역 예

ST: I might have supposed her asleep. I rushed towards her, and

embraced her with ardour; but the deadly languor and coldness
of the limbs told me, that what I now held in my arms had ceased
to be the Elizabeth whom I loved and cherished. (Shelley)

TT: 그녀는 잠든 것 같았다. 나는 미친 듯 달려가 그녀를 꽉 껴안았
다. 하지만 극도로 차갑고 무기력한 몸뚱이는 내게, 내가 품에 안
은 것이 더 이상 내가 사랑하고 아끼던 엘리자베스가 아니란 사실을
알려 주었다.

위의 ST에서 보는 것과 같이 "I loved and cherished"는 whom이라
는 목적격 관계대명사와 함께 나타나서 "Elizabeth"를 수식합니다. 하지
만 한국어에서는 수식하는 부분이 머리 명사 뒤에는 올 수 없고 앞에 위
치하므로 한국어 어법에 맞도록 "내가 사랑하고 아끼던"이라는 수식 부
분을 "엘리자베스" 앞으로 위치하도록 번역했습니다.

3) 소유격 관계대명사의 번역 예

소유격 관계대명사의 번역은 학생들이 관계사 구문을 번역할 때
가장 어려워하는 부분입니다. 소유격(whose)의 제한적인 용법을 번역하
는 방법은 두 개의 등위절로 만드는 것입니다. 즉, 접속사+대명사 구조로
번역하거나, 마침표+대명사 구조로 번역하면 됩니다.

ST: She makes pastry whose preparation takes an entirely day.

TT: 그녀는 빵과자를 만드는데 그걸 만들려면 하루 종일 걸린다. (이영

옥, 2004)

또 한 가지 예를 들어 보겠습니다.

ST: He looked round at the others whose faces were bent towards their plates and receiving no reply, waited for a moment and said bitterly. (Joyce)

TT: 그는 사람들을 둘러보았는데 모두들 자기네 접시 위로 얼굴을 숙이고 있었다. 아무도 대꾸를 하지 않자 그는 잠시 동안 기다린 후에 기분 나쁜 어조로 이렇게 말했다.

4) 관계 부사의 번역 예

관계 부사의 경우도 영어의 주명사 뒤에서 수식하는 부분을 우리말 어법에 맞도록 앞에 위치시켜 번역합니다.

ST1: I escaped from them to the room where lay the body of Elizabeth, …. (Shelley)

TT1: 나는 무리에서 빠져나와 엘리자베스가 누워 있는 방으로 향했습니다.

ST2: I pointed to the spot where he had disappeared …

TT2: 나는 그가 사라진 곳을 가리켰다. …

다음 기사는 한국의 해양 참사였던 세월호 사건에 대한 「뉴욕 타

「임즈」지 논평의 한 단락입니다.

> ST: Certainly, South Korea is a society with strong vertical lines where respect for elders and for the teacher is a powerful social force. (Cohen)
>
> TT: 분명, 한국은 사회적으로 어른과 선생님에 대한 공경을 엄격하게 요구하는 견고한 수직구조의 사회이다.

위 ST의 "where"에 연결되는 관계절을 우리말 통사 구조에 맞게 주명사인 "견고한 수직 구조의 사회(a society with strong vertical lines)" 앞으로 보내어서 주명사를 수식하는 '-(으)ㄴ'을 첨가하여 관계절로 번역했습니다.

[모범 번역 맛보기]

1. ST: The recent aviation and maritime disasters that have left hundreds in watery graves.

   TT: 수백 명을 수장한 최근의 항공과 선박 사고.

2. ST: Elderly women once forced to work in Japan's military brothels live out their days in a unusual retirement home next to a museum that records their suffering. (Williamson)

   TT: 한때 일본군 위안소에서 '위안부'로 일하도록 강요당했던 할머니들은 자신의 고통을 담은 박물관 옆 특별한 양로원에서 여생을 보내고 있다.

3. ST: For those who relish an adventure, this is a one-of-a kind destination.

   TT: 모험을 즐기는 이들에게 이곳은 독보적인 목적지이다.

4. ST: The path that this country has taken has never been a straight line.

   TT: 이 나라가 걸어온 길이 결코 순탄치만은 않았습니다.

5. ST: The wrench saw me destroy the creature on whose future existence he depended for happiness, and with a howl of devilish despair and revenge, withdrew. (Shelley)

   TT: 그 불행한 놈은 피조물이 완성되는 것에 자신의 행복을 걸고 있던 차에, 내가 그것을 파괴하는 것을 보고는 극도의 원망과 원한에 사로잡혀 한껏 울부짖으며 물러났다.

---

6. 비제한적 관계절의 번역

영어 비제한적 관계절은 형태상 관계대명사 앞에 쉼표를 두어 제한적 관계절과 구분됩니다. 영어 비제한적 관계절은 의미상 부가적인 정보를 제공하는 데 목적이 있기 때문에, 앞문장과 병렬적 관계로 연결됩니다. 그래서 한국어 번역에서는 접속사를 사용하여 번역하면 좋습니다. 가령, 비제한적 관계절을 번역할 때는 중간에 접속어를 넣어서 두 문장으로 분할하고 접속어 다음의 문장에 머리 명사인 대명사를 다시 쓰는 것입니다. 자세한 예를 다음 예문을 통해서 살펴보도록 하겠습니다.

> ST: During the Nara period(710-94) there was strong promotion of Buddhism, particularly under Emperor Shomu, who ordered the construction of Todai-ji and the casting of its Daibutsu(Great Buddha) as supreme guardian deity of the nation.
>
> TT: 나라 시대(710-94), 특히 쇼무왕 시절에는 불교를 강력하게 주창하였는데, 쇼무왕은 도다이지(東大寺)를 건립하고 국가 최고 수호신으로 다이부쓰 불상을 만들도록 지시하였다.

일본의 나라奈良 시대에 대한 설명인 비제한적 관계절에서, 관계대명사 who를 중심으로 두 문장으로 나누어 번역하였습니다. 두 번째 문장을 시작하면서 머리 명사인 쇼무왕Emperor Shomu을 다시 써 주어서 두 번째 문장의 주어로 변형하였더니, 읽기에 편하고 의미상의 왜곡도 일어나지 않았습니다. 비제한적 관계절을 두 문장으로 나누어 접속어를 사용하는 번역 방법을 다음 여러 가지 예에서도 적용해 보겠습니다.

ST1: He walked through the bar-room, where people waiting for the train were drinking. (Hemingway)

TT1: 그는 돌아오면서 바로 사용하는 방을 통과했는데, 그 방에서는 열차를 기다리는 사람들이 술을 마시고 있었다.

ST2: The children appeared before her like antagonists who had overcome her, who had overpowered and sought to drag her into the soul's slavery for the rest of her days. (Chopin)

TT2: 눈앞에 아이들이 마치 승리를 거둔 원수들처럼 나타났는데, 아이들은 에드나를 압도해서 여생 동안 영혼의 노예가 되도록 끌어들이려는 듯했다.

ST3: A sweeping arched portico looks down sternly on the narrow lane, from where you can glimpse the striking statues and memorials inside. (Williamson)

TT3: 완만한 아치형 입구가 좁은 도로를 준엄하게 내려다보는 듯했고, 그곳 내부로 특이한 조각상과 기념비를 언뜻 볼 수 있다.

7. 주의해야 하는 비제한적 용법

한국어 관계절은 머리 명사 앞에서 수식하는 한 가지 형태밖에 없으며, 제한적인지 비제한적인지의 구분은 통사적 형태가 아니라 의미에 따라 결정됩니다. 비제한적 관계절이라도 의미상 먼저 일어난 사건의 순서에 따라 번역을 하고, 사건의 논리관계를 정확히 파악해서 번역해야 독자들이 이해하기 쉬운 번역문으로 완성됩니다.

1) 사건이 일어난 순서 관련

다음은 미국의 소설가 케이트 쇼팽Kate Chopin의 *The Awakening*의 한 부분입니다. 여주인공 에드나는 로버트를 사랑하지만, 로버트는 그녀를 떠납니다. 다음 장면은 에드나가 로버트가 떠난 후 느끼는 감정을 묘사하고 있습니다.

ST: She had done all the thinking which was necessary after Robert
     went away, when she lay awake upon the sofa till morning.
TT1: 그녀는 필요한 생각을 이미 로버트가 떠난 후 마친 터였고, 그 때
     에 아침이 올 때 까지 뜬 눈으로 소파위에 누워있었다(학생 번역).
TT2: 그녀는 로버트가 떠난 후, 뜬눈으로 다음날 아침까지 소파에서
     필요한 생각을 이미 다 마쳤다.

ST를 위의 비제한절 관계절 번역 원칙에 따라서 번역하였더니 TT1과 같은 번역물이 나왔습니다. 그러나 시간 순서를 고려하면 로버트가 떠난 후 뜬눈으로 누워서 필요한 생각을 다 마친 것인데, TT1은 마치 로버트가 떠난 후 주인공이 생각을 다 마치고 뜬눈으로 누워 있었던 것

같이 읽힐 수 있습니다. 그래서 TT2처럼 번역하였더니 원문의 순서를 그대로 반영한 번역문으로 완성되었습니다.

2) 논리관계 일치

관계사 구문을 번역할 때는 시간 순서뿐만 아니라, 논리관계에 주목해서 정보가 자연스럽게 이어질 수 있도록 번역합니다.

『프랑켄슈타인』에서 박사의 말을 더 찾아보겠습니다. 괴물에게 분노가 치밀어 외치는 프랑켄슈타인 박사의 말입니다.

ST: Shall I, in cool blood, set loose upon the earth a damon, whose delight is in death and wretchedness? (Shelley)

TT1: 내가 제 정신으로, 너 같은 악마를 이 땅위에 풀어놓을 것 같으냐? 너의 기쁨은 죽음과 불행에 있다(학생 번역).

TT2: 내가 제 정신으로, 죽음과 불행에서 기쁨을 찾는 너 같은 악마를 이 땅 위에 풀어놓을 것 같으냐?

ST의 밑줄 친 부분을 비제한적 관계사 구문 번역 방법을 적용하여 번역하니, "내가 제정신으로, 너 같은 악마를 이 땅 위에 풀어놓을 것 같으냐? 너의 기쁨은 죽음과 불행에 있다"라는 이상한 문장이 되고 말았습니다. 지나치게 통사구조에 얽매이기보다는 논리적 의미를 따라 번역하는 것이 무엇보다 중요하기에 "죽음과 불행에서 기쁨을 찾는"이라는 관계사 구문을 주명사인 "악마"를 전치 수식하는 번역으로 전환했습니다.

1. ST: Narrow streets with houses and medieval churches began to grown up behind the old Moorish fortress, which was later replaced by a Gothic palace and eventually by the present-day Bourbon palace, the Palacio Real. (de Botton)

   TT: 후에 옛 무어인의 요새 뒤로는 고딕 양식의 궁전이 들어섰고, 다시 그 자리에는 팔라치오 레알이라는 부르봉 왕조 시대의 궁전이 들어서 오늘날까지 남아 있다.

2. ST: Well, I have a reason for watching the movies, which is why I would like to talk to you in person.

   TT: 전 그 영화를 봐야 하는 이유가 있어요. 그래서 당신을 개인적으로 만나고 싶었지요.

3. ST: All I have done is make two phone calls asking to speak to the actor Daniel, whom I did not threaten or insult or harm.

   TT: 전 단지 전화를 두 번 걸어서 배우 다니엘과의 통화를 부탁했을 뿐, 그를 모욕하거나 해치지 않았어요.

8장 수동태 구문 번역하기

1. 수동태 구문 번역과 AI 번역기

_____우리는 생각을 문장으로 표현하고자 할 때 관점에 따라서 수동태와 능동태라는 두 가지 방식을 사용할 수 있습니다. 행위자를 중점적으로 보고 표현하고 싶을 때는 능동태를 쓰고, 피동자를 중점적으로 간주하고 표현하고 싶을 때는 수동태를 사용합니다. 능동문의 주어는 행위를 하는 책임 있는 입장인 반면, 수동문의 주어는 영향을 받는 실체입니다. "태"는 이처럼 문자의 의미를 바꾸지 않으면서 주체의 행위를 두 가지 관점에서 바라보게 할 수 있는 표현 방식입니다.

수동태 문장은 AI 번역기를 사용해 번역하기 쉽지 않습니다. AI 번역기는 문장이 문법적으로 단순한 구조일수록 번역 정확도가 상승하며, 특히 수동태보다는 능동태를 번역할 때 그 정확도가 높습니다. 그래서 AI 번역기를 사용하는 번역 현장에서는 수동태 문장이 나오면 이를 능동태 문장으로 변형시켜서 번역기에 입력하는 전처리 과정을 거칩니다. 하지만 이러한 전처리 과정에서 수동태에 생략되어 존재하지 않는 주어를 만들어 내야 하는 등의 문제가 자주 발생합니다. 그런 경우에는 의미상의 왜곡, 심지어는 오역을 만들어 낼 수도 있습니다.

이러한 AI 번역의 한계를 극복하고 보다 우리말에 자연스러운 훌륭한 번역을 하기 위한 방법을 알아보겠습니다. 이 장의 목표는 영어에서 수동형이 쓰이는 경우를 체계적으로 정리하고 원문을 손상시키지 않으면서 우리말로 유려하게 번역하는 방법을 알아보겠습니다.

2. 영어 수동문

1) 영어 수동문의 구조

영어 수동문의 구조에는 두 가지가 있습니다. 하나는 행위자가 명시되지 않은 단형 수동문이고 또 하나는 행위자가 by+명사구 형태로 나타나는 장형 수동문입니다. 단형 수동문은 타동사+목적어로 나타나는 능동문의 기저 구조에서 파생되어 나온 형태로 동사 부분이 be+과거분사(p.p.) 형태로 쓰입니다. 장형 수동태는 단형 수동태 형태에 by+명사구를 더한 문형입니다. 이를 도식으로 나타내면 다음과 같습니다.

영어 능동문: 주어+타동사+목적어(예: Min gives the ball.)

영어 수동문: 목적어+be+p.p.+by 주어(예: The ball is given by Min.)

수동 구문의 동사 형식은 be+p.p. 형태가 일반적이지만, be동사 자리에 get, become, grow, stand, feel, remain, rest, appear, lie, seem, look, sit 등이 사용될 수 있습니다.

2) 영어 수동문의 기능

(1) 영어 단형 수동문의 기능은 다음과 같습니다.

① 동작주를 모르거나 쉽게 언급하기 어려울 때
② 동작주가 문법적으로 자명할 때 혹은 이미 앞 뒤 문맥 속에서 동작주
　가 알려져 있기 때문에 동작주를 반복적으로 나타낼 필요가 없을 때
③ 동작주를 언급하지 말아야 할 특별한 이유가 있을 때

(2) 영어 장형 수동문의 기능은 다음과 같습니다.

① 동작주보다 피동 주어에 더 큰 관심이 갈 때
② 다른 구문과의 연결을 용이하게 할 때

3. 우리말 수동문

1) 우리말 수동문의 구조

영어의 수동문은 우리말의 수동문, 혹은 피동문과 대응될 수 있습

니다. 영어에서는 수동문, 우리말에서는 수동문과 피동문이라는 용어를 모두 사용하지만, 여기서는 우리말 수동과 피동을 영어 수동문이라고 언급한 것에 맞춰 모두 수동으로 통일하겠습니다. 우리말에서 수동문은 주어의 행위가 다른 사람이나 사물에 의하여 이루어지는 피동이 표현된 문장을 의미합니다. 영어 수동문이 영어 능동문에서 파생되는 것과 같이 우리말의 수동문도 우리말 능동문에서 파생됩니다. 우선 우리말 수동문은 우리말 능동문과 비교하여 규칙적으로 대응됩니다. 그 규칙과 그에 따른 예를 정리하면 다음과 같습니다.

① 능동문의 목적어 명사구가 수동문에서 주어 명사구로 대응된다.
② 능동문의 주어 명사구는 수동문에서 "에", "에게", "에 의하여" 등을 가지는 부사어 명사구로 대응된다.
③ 능동문의 서술어가 수동문에서는 "-이/히/리/기-"와 같은 접미사를 가지는 피동사나 "-어지다"를 가지거나 "되다", "받다" 따위를 가지는 피동 표현이 서술어로 대응된다. (고영근, 구본관)

우리말 능동문: 학생들이 그 책을 읽었다.
우리말 수동문: 그 책이 학생들에게 읽혔다.

위의 우리말 수동문의 경우, 주어인 "그 책"이 학생들에게 읽히는 상황을 나타내는 것입니다.

한 걸음 더 나아가 이해하기

우리말 수동문은 타동사 어간에 피동의 접미사 "-이/히/리/기-" 등이 결합하여 이루어지며, 이때 사용되는 피동사의 예는 다음과 같습니다.

가. '-이-'와 결합하는 단어: 깎다(깎이다), 묶다(묶이다), 얽매다(얽매이다)
나. '-히-'와 결합하는 단어: 먹다(먹히다), 막다(막히다), 긁다(긁히다)
다. '-리-'와 결합하는 단어: 걸다(걸리다), 깔다(깔리다), 날다(날리다)
라. '-기-'와 결합하는 단어: 안다(안기다), 끊다(끊기다), 뜯다(뜯기다)

타동사 어간에 피동의 접미사 "-어지다"가 결합하여 이루어진 피동사의 예입니다. "-어지다"는 타동사뿐만 아니라 자동사나 형용사에 "-어지다"가 결합한 서술어가 사용되는 수동문입니다.

예) 갑자기 하늘이 노래졌다
아들을 보자 얼굴이 환해지는구나!

"-되다"라는 접미사로 만들어지는 수동문의 예는 다음과 같습니다.

예) 나는 점점 더 그의 생각을 이해하게 되었다.

조 사장은 빈털터리가 되었다.

"- 받다'라는 접미사로 만들어지는 수동문의 예는 다음과 같습니다.

예) 신데렐라는 언니들에게 구박을 받았다.

문 선생님은 학생들에게 존경을 받았다.

2) 우리말 수동문의 기능

우리말 수동문은 영어 수동문보다 그 기능이 단순합니다. 여기에 우리말 수동문의 기능에 관해서는 영어 수동문과의 관계에 국한해서 논의하겠습니다. 영어 수동문과 관련되는 우리말 수동문의 기능으로는 탈초점 기능, 피해와 수익을 표현하는 기능, 역할 현저성 기능, 그리고 다음 문장과의 연결을 용이하게 하는 경우를 들 수 있습니다. 탈 초점 기능이란 우리말 수동문에서 동작주가 나타나지 않거나 주어 이외의 자리에 나타나서 내용의 중심이 되지 못하는 경우를 말합니다. 이는 영어의 수동형 기능에서 동작주가 생략되는 경우의 기능과 유사합니다. 역할 현저성 기능이란, 우리말의 수동문에서 피행위자를 현저히 강조하기 위한 저자의 의도를 반영하는 문장을 의미합니다. 즉, 우리말에서도 영어의 수동문과 마찬가지로 피행위자를 강조해서 사용하는 기능이 있습니다. 마지막으로 피해와 수익을 나타내는 기능이 있습니다. 우리말에서는 피행위자가 살아 있는 생물체인 경우에, 수동문을 사용해서 그 피해나 수익의 경우를 강화시켜 줍니다. 이는 영어 수동형과 유사한 기능입니다.

3) 영어 수동문과의 공통점

영어 수동문과 우리말 수동문은 담화론적인 측면에서 대상 중심의 표현이라는 점에서 일맥상통합니다. 우선, 위에서 설명한 바와 같이 우리말의 피동형은 원래 능동문에서 대상어(목적어)였던 요소가 피동화를 거쳐 문장의 첫 부분으로 와서 초점의 중심이 됩니다. 이는 영어 수동문의 형태와 유사합니다. 영어 수동문에서도 원래 능동문의 목적어가 앞으로 나와 주제화가 된다는 기능적인 입장과 일맥상통한다고 할 수 있습니다.

4) 영어의 수동형과의 차이점

우리말에서는 수동형이 영어의 수동형만큼 많이 사용되지 않습니다. 사용 빈도 수뿐만 아니라, 영어의 수동 구문과 우리말의 수동 구문은 그 사용 분야가 상당히 다르며, 구문적, 의미적 성격이나 사용 범위에 있어서 차이가 많이 납니다. 그런 이유로, 영어의 수동형을 우리말의 수동형으로 무조건 바꾼다면 우리말 같지 않은 어색한 문장이 나옵니다. 국어학자들과 전문 번역인들은 우리나라 말에 범람하는 과잉 수동문 사용을 걱정합니다. 그들은 영어 수동문을 우리말 수동문으로 무조건 번역한다면, 문장의 간결함과 명료함이 사라진다고 우려합니다.

4. 영어 수동문 번역 방법

      영어의 수동문을 우리말로 유려하게 번역할 수 있는 방법을 간단히 설명하면 다음과 같습니다.

① 능동문으로 번역한다.
② 주어와 동작주를 바꾼다
③ 조사 '은/는'을 활용한다.
④ 피해와 수익을 나타내는 경우에는 그대로 수동형으로 번역한다.

1) 능동문으로 바꾼다

1. 먼저 의미의 왜곡이 일어나지 않는 범위 내에서 능동문으로 번역하면 좋습니다. 영어 수동형 문장을 우리말 수동형으로 번역하였는데, 전체적인 의미가 어색하다면 능동형으로 바꾸길 권합니다. 예를 들어, 제인 오스틴Jane Austen의 『오만과 편견Pride and Prejudice』의 수동문 하나를 번역해 보겠습니다. 여주인공 엘리자베스가 생각에 잠겨 있다가 초인종 소리를 듣는 장면입니다.

ST: While settling this point, she was suddenly roused by the sound of the door-bell. (Austen)

TT1: 이런 생각에 잠겨 있다가 그녀는 초인종 소리에 의해 재빨리 정신이 차려졌다.

TT2: 이런 생각에 잠겨 있다가 그녀는 초인종 소리에 재빨리 정신을 차렸다.

위의 TT1은 매우 어색한 우리말 번역입니다. 영어 수동문에서는 by+명사구 형태를 사용해서 수동문의 주어를 초인종(door-bell)으로 표현했습니다. 이를 우리말로 직역을 하다 보니 "초인종에 의해"라는 말로 번역하여 전체적인 문장이 어색해졌습니다. 그래서 원문의 의미를 보존하면서 능동문으로 바꾸어서 "초인종 소리에 정신을 차렸다"로 번역했습니다. 다음 예를 보겠습니다.

ST: Walt Disney is said to have modelled Sleeping Beauty's castle in California's Disneyland on Segovia's Alcázar.
TT1: 월트 디즈니는 세고비아의 알카사르에서 감명을 받아 캘리포니아 디즈니랜드의 '잠자는 숲속의 공주의 성'을 지었다고 말해집니다.
TT2: 월트 디즈니는 세고비아의 알카사르에서 감명을 받아 캘리포니아 디즈니랜드의 '잠자는 숲속의 공주의 성'을 지었다고 합니다.

위 ST의 영어 수동태 문장은 능동형으로 바꾸면 좋습니다. 위 ST에서 "is said …"라는 수동형의 구문을 TT1처럼 "~라고 말해진다"로 번역하니 읽기에 매우 어색합니다. "말해집니다"보다는 이를 능동형으로 바꾸어서 "합니다"라고 번역하니 잘 읽히는 말로 번역되었습니다. 다음 예를 하나 더 보겠습니다.

ST: The remarkable fauna and flora is matched by epic landscapes
of an incredible diversity: you can go from rain forest to desert in
just 300km. (Filou)

TT1: 독특한 동식물 종이 웅장하고도 다채로운 풍경에 의해 잘 어울려지며, 열대우림에서 사막까지 단 300킬로미터면 갈 수 있다.

TT2: 독특한 동식물 종은 웅장하고도 다채로운 풍경과 잘 어울리며, 열대우림에서 사막까지 단 300킬로미터면 갈 수 있다.

위 ST의 "is matched by epic landscapes"라는 수동형 부분을 TT1에서는 "풍경에 의해 잘 어울려지며"라고 번역하였습니다. 우리말 "풍경"은 행동의 주체가 되기에는 어색합니다. 우리말에서 행동의 주체는 살아 있는 명사일 때 가능하니까요. 그러므로 위의 수동형 부분을 TT2에서 우리말 능동형으로 바꾸어서 "잘 어울리며"로 번역하니 훨씬 좋은 번역문이 나왔습니다.

2) 주어와 동작주를 바꾼다

영어 ST의 주어 자리에 오는 명사와 by+동작주를 바꾸어서 문장을 다시 만듭니다. 우리말에는 동작주를 피동문에 드러내면 어색한 경우가 있습니다. 1인칭 단수가 동작주인 다음 예문을 보실까요.

ST: An apple was eaten by me.

TT1: 사과가 나에게 먹혔다. (2018년 9월 25일 산출)

TT2: 사과 먹었어.

위의 ST를 구글 번역기를 사용해 보니 TT1처럼 "사과가 나에게 먹혔다" 같은 오역이 나왔습니다. 앞서 주어 번역 부분에서 논의했던 바와 같이 우리말에는 무정물이 주어인 경우에는 수동문을 가능한 사용하지 않습니다. 위의 TT1에서 "사과"는 무정물 주어이기 때문에 이 문장을 피동으로 번역하면 자연스럽지 못합니다. 이런 경우에는 TT2에서와 같이 수동문의 목적에 자리에 있던 동작주를 주어 자리로 바꾸면서 문장 자체를 능동문으로 변형하는 것이 자연스런 번역문을 만드는 방법입니다.

유사한 예를 들어 영어의 "*Pride and Prejudice* was written by Jane Austen"이라는 문장을 번역한다고 할 때 원래의 주어인 Pride and Prejudice를 주어로 유지하면서 우리말로 옮기면 다음과 같이 번역됩니다.

TT1: 오만과 편견은 제인 오스틴에 의하여 쓰여졌다.

이러한 TT1보다는 주어와 동작주를 바꾸어서 다시 능동형으로 고치면 편하게 읽을 수 있는 우리말 문장이 산출됩니다.

TT2: 제인 오스틴은 오만과 편견을 썼다.

소리를 내어 읽어 보니 아무래도 TT1보다는 TT2가 훨씬 자연스럽습니다.

위에서 살펴본 바와 같이, 주어와 동작주의 위치를 바꾸면 우리말 어법에 맞게 영어의 수동형을 우리말 능동형으로 자연스럽게 번역할 수 있습니다. 하지만 이때 반드시 유의해야 할 사항이 있습니다. 주어와 동작주를 바꾸는 것은 원저자의 의도를 삭제하는 결과를 초래할 수 있다는 것입니다. 영어와 우리말에서는 문장에서 중심이 되는 명사가 대부분 주어 자리에 옵니다. 예를 들어 봅시다.

ST: The director was caught by a policeman.

TT1: "경찰은 감독을 잡았다."

TT2: "감독이 경찰에 의해서 잡혔다."

TT3:

위의 ST인 "The director was caught by a policeman"이라는 문장에서 강조되는 부분은 주어인 감독이지요. 그런데 위에서 사용한 방법대로 주어와 동작주의 위치를 바꾸어 번역해서 "경찰은 감독을 잡았다"라고 번역을 한다면, 우리말 번역문에서 강조하는 것은 경찰이 됩니다. 이런 번역문은 원문에서 감독에 강조점을 두고자 했던 원저자의 집필 의도를 반영하지 못합니다. 그렇다고 해서 원문의 감독을 번역문의 주어 자리에 그대로 두어서 번역한다면, "감독이 경찰에 의해서 잡혔다"라는 지저분한 수동문으로 번역이 됩니다. 그럼 어떻게 원문의 의도를 손상시키지 않고 자연스런 우리말 번역을 할 수 있을까요? TT3 자리에 여러분이 번역한 것을 넣어 보세요.

3) 조사 '은/는'을 활용한다

다행히도 우리말에서는 한 문장에서 이중 주어를 사용할 수 있습니다. "이/가"라는 주격 조사와 함께 "은/는"도 사용할 수 있습니다. 그럼 위의 영어 원문인 "The director was caught by a policeman"을 볼까요. 원문에서 강조하는 감독을 문장의 주어 자리에 그대로 두면서도 능동형 문장으로 번역해 보겠습니다. "감독은 경찰이 잡았다"로 번역하니 원문의 주어 자리를 지키면서도 간결한 번역문이 나왔습니다.

영어 수동형 문장에서 원문에 나타나는 주어의 강조점을 지키면서도 우리말로 잘 읽을 수 있는 능동형 번역문으로 전환하는 예를 하나 더 들어 보겠습니다.

ST: The education reform is blocked by the government.

TT1: 교육 개혁은 정부에 의해 가로막혔다.

TT2: 교육 개혁은 정부가 가로막았다.

위의 예에서 볼 수 있는 것처럼 '은/는' 이외에도 '이/가' 라는 주격 조사를 사용해서 한 문장 안에 주어를 두 개 만들면 우리말 문법에 어긋나지 않는 번역을 할 수 있습니다.

4) 피해와 수익을 나타내는 경우에는 그대로 수동형으로 번역한다

영어에서는 수동문이 쓰이는 특수한 경우가 있습니다. 행위자의 책임을 삭제하고자 하는 경우, 또 하고자 하는 말을 완곡하게 에둘러 표현하고자 하는 경우, 그리고 피해나 수익을 나타내고자 하는 경우입니다. 우리말에서도 이러한 영어 수동문의 기능은 동일하게 적용됩니다. 그러므로 이러한 수동문의 경우는 우리말로 읽기 어색하다 하더라도 우리말 수동문으로 번역해야 합니다. 다음에서 자세히 살펴보기로 합니다.

(1) 행위자의 책임을 삭제하고자 할 때

영어에서 by+행위자가 나타나지 않는 단형 수동문은 행위자의 책임을 삭제하고자 할 때 쓰일 경우가 있습니다. 다음 예를 볼까요.

ST1: Many civilians were reportedly shot to death on Wednesday.

TT1: 많은 민간인이 수요일에 총살되었다.

위의 ST1에서는 총을 쏜 사람이 명시되지 않음으로써, 행위자의 책임이 삭제되어 있는 셈입니다. 이러한 경우에 우리말 번역본에서도 수동형을 번역해서 행위자의 책임 소재를 밝히지 않는 것이 바람직한 번역입니다.

(2) 피해를 드러내고자 할 때

by+행위자가 삭제된 영문 수동문은 피해나 수익을 나타낼 때 광범위하게 사용되고 있으며, 이는 우리말 수동문에도 두드러진 특징입니다. 예를 들어 '되다', '받다', '당하다' 등의 수동 동사를 사용해서 피해나 손실을 나타내고 때로는 '당하다'를 사용해서 피해 입는 느낌을 강조할 수도 있습니다.

2018년에 전 세계를 뒤흔들었던 사건은 바로 여성들의 "미투me too" 운동이었습니다. 미투 운동(Me Too movement)은 2017년 10월 미국에서 하비 와인스타인Harvey Weinstein의 성폭력 및 성희롱 행위를 비난하기 위해 소셜 미디어에 글을 올리며 해시태그(#MeToo)를 다는 행동에서 시작된 운동입니다. 다음 기사는 하비 와인스타인의 성폭력 스캔들을 다룬 기사입니다. 영어 원문에는 성폭력 여성들의 피해 사실에 대해 조명하다 보니 자연스레 피해를 나타내는 수동 문장이 많이 사용되었습니다.

ST: "There's a lot of abuse in this town," said producer and director Judd Apatow. "Young actresses are mistreated in all sorts of ways by powerful men who can dangle jobs or access to exciting parts of show business. I think a lot of people are mistreated and they don't realize how badly they're being mistreated." (Rottenberg)

TT: "이 동네에서 권력 남용은 흔하다"라고 영화 제작자 겸 감독인 주드 아파토우 씨는 말했다. "젊은 여배우들은 배역을 알선해 줄 수 있거나 연예계 내에서 연줄이 좋은 영향력 있는 남성들에게 온갖 부당한 대우를 받고 있다. 많은 사람들이 부당한 대우를 받고 있으면서도 자신들이 얼마나 부당한 대우를 받는지를 느끼지 않는 것 같다."

ST에 나오는 밑줄 친 mistreated은 수동형 문장으로 세 번 쓰였으며 모두 주어 자리에 피해자들이 나옵니다. 이 부분은 "부당하게 대우받다"라고 TT의 밑줄 친 부분처럼 수동형으로 번역하였습니다. 이는 기사의 내용을 피해자를 중심으로 전개하고자 수동문을 사용하는 기자의 의도를 살리기 위해서입니다.

(3) 수익을 표현하는 경우

예를 들어 다음 영어 문장을 생각해 봅시다.

ST: He was promoted to head teacher.

TT: 그는 부장 교사로 승진되었다.

ST: After 27 years in prison Nelson Mandela was freed in 1990.

TT: 27년의 수감 생활 후에, 넬슨 만델라는 1990년에 석방됐다.

위의 ST 예문 속의 "was promoted"와 "was freed"는 둘 다 문장의 주어 입장에서 좋은 수익을 나타냅니다. 이때는 가능하면 원문의 수동문 형태를 그대로 지켜서 우리말에서도 수동형으로 번역하는 것이 바람직합니다.

5) 그 외 수동형으로 번역해야 하는 경우

(1) 우회적인 표현은 수동형으로 번역한다

영어의 단형 수동형은 상대방에게 직접적으로 하지 못하는 말을 에둘러서 할 때도 쓰입니다. 다음의 경우에 해당됩니다.

ST1: You broke the window.

ST2: The window was broken.

TT1: 네가 창문을 깼구나.

TT2: 창문이 깨졌네.

위의 ST1의 영어 능동문에서는 창문을 깬 주체가 You로 나타납니다. 이 문장은 주어인 You의 잘못을 명백하게 명시합니다. 하지만 이 문장이 ST2에 수동형으로 바뀌어서 You가 나타나지 않습니다. 그 결과 말하는 사람이 상대방에게 질책하는 의도가 에둘러 나타납니다. ST2의 수동형 문장에 나타나는 의도를 정확하게 옮기기 위해서는 TT2처럼 우리말로도 "너"가 삭제된 수동형으로 번역해야 합니다. TT2의 "창문이 깨졌네"의 경우에도 역시 영어 수동형에서와 마찬가지로 상대방에 대한 질책이 에둘러 상쇄되고 있습니다.

(2) 정보의 흐름을 염두에 두고 번역한다.

수동태 번역할 때 반드시 고려해야 하는 점은 문법 구조뿐만 아니라 텍스트의 정보 전달 기능에 중점을 두어야 한다는 것입니다. 장형 수동문의 경우, 90%의 문장이 구정보-신정보의 어순을 나타냅니다(Biber 외 1999: 941). 즉 장형 수동문의 주어는 문맥상 앞 문장에서 언급된 바가 있는 사항을 의미하고, "by+행위자"에는 앞에서 언급된 바가 없는 새로운 정보가 포함됩니다. 구정보-신정보의 어순을 가지는 수동문을 우리말로 옮길 때 원문에 있던 구정보-신정보의 어순을 무시한다면 정보의 흐름이 끊길 수 있습니다. 다음 예를 보겠습니다.

ST1: Jenny is talking to Jake.

ST2: He has a book.

ST3: The book was given by Suzanne as a birthday present.

위의 ST2에서의 주어인 "그(He)"는 앞 문장 ST1에서 이미 언급되어 있던 "제이크(Jake)"를 받는 구정보입니다. 이런 경우에 원래 정보의 흐름을 유지하면서 번역할 수 있는 방법은 ST2에서 주어 자리에 있는 "그(He)"를 우리말 번역문에서도 주어 자리에 써 주는 것입니다. 이어서 ST3의 주어 자리에 있는 "그 책(The book)" 역시 앞 문장 ST2의 신정보 "책(a book)"을 받은 구정보입니다. 이러한 정보의 흐름을 지켜서 번역하기 위해 다음에서 보는 바와 같이 번역문에는 이중 주어 구문으로 만들었습니다.

TT1: 제니는 제이크에게 말하는 중이다.

TT2: 그는 책을 가지고 있다.

TT3: 그 책은 수잔이 생일 선물로 주었다.

위의 예에서처럼, 원래의 문장 구조가 가지고 있는 정보의 흐름을 최대한 유지하면서 번역하려 한다면 TT2에서와 같이 TT1의 신정보는 TT2에서 주어인 "그"로 번역되어서 원문의 흐름을 지키고 있습니다. 또한 TT2에서의 신정보인 "책"을 TT3에서 "그 책"에 주격 조사 "은"을 붙여서 번역하여 정보의 흐름을 유지하고 있습니다. 영어의 장형 수동문의 경우, 약 90%가 구정보 다음에 신정보가 나오는 유형을 나타낸다고 앞서 언급하였습니다. 우리말 수동문도 구정보를 앞에 배열하고 신정보를 뒤에 배열하면서 글의 머리 부분을 다음 문장으로 이어 가는 기능을 합니다. 그러므로, 영어의 장형 수동문을 번역할 경우, 정보의 흐름이 잘 이어지도록 특히 유의해야 합니다. 정보의 흐름을 중심으로 한 논의는 이 책의 마지막 장인 "텍스트 차원에서의 번역"에서 자세히 다루도록 하겠습니다.

[모범 번역 맛보기]

1. ST: More than listen, the student memorizes and needs to be able to spit back everything he or she is taught.
   TT: 듣는 정도를 넘어, 학생들은 암기하고 또 자신들이 배운 모든 것을 읊을 수 있어야 한다.

2. ST: I was forced to ask to be allowed into her flat.
   TT: 그 여자의 집에 들어가도 되는지 허락을 구할 수밖에 없었다.

3. ST: The unfinished film will be shown on the evening of Tuesday, June 3.
   TT: 미완성 영화는 6월 3일에 선보일 예정이다.

4. ST: Nets were cast, but in vain.

   TT: 그물을 던졌으나, 소용이 없었습니다.

5. ST: It [marriage] was concluded on the basis of social considerations, and love was supposed to develop once the marriage has been concluded.

   TT: 그 일(결혼)을 사회적 요인들을 고려하여 결정했고, 사랑은 결혼을 결정한 후 싹트는 것이었다.

※ 다음을 밑줄 친 부분의 피해를 나타내는 수동태 의미에 유의하여 번역해 보았습니다.

6. ST: At least 5,370 families were abducted by ISIL from Shura sub-district, another 160 families from al-Qayyarah sub-district, 150 families from Hamam al-Alil sub-district and 2,210 families from Nimrud sub-district of al-Hamdaniya district, reports indicate. ("Battle for Mosul")

   TT: 적어도 슈라 지구에서 5천 370가구, 알카야라 지구에서 160가구, 하맘 알아릴 지구에서 150가구, 알함다니아 구역의 님러드 지구에서 2천 210가구가 ISIL에게 납치되었다고 전해진다.

7. ST: Forced out at gunpoint, or killed if they resist or try to

flee, these people are reportedly being moved to strategic ISIL
locations. ("Battle for Mosul")

TT: 총부리로 강요당하고, 저항하거나 달아나려 한다면 살해되면서 이 사람들은 ISIL의 전략적 요충지로 이주되었다고 한다.

9장   그 외 유의할 문법 구문 번역하기

영어와 한국어의 문법 체계는 다릅니다. 영어에서 자주 쓰이는 문법 범주가 우리말에 없는 경우도 많습니다. 이런 경우 번역가는 반드시 원문의 의미 맥락과 메시지를 원문과 가까운 한국어로 옮기려 노력해야 합니다. 그런데 원문의 메시지를 정확하고 명료하게 전달하는 과정에서 번역가는 원문에 없는 내용을 포함시키거나 생략할 수도 있습니다. 이 부분에서는 우리말에는 존재하지 않지만 영어에서는 매우 빈번히 나타나는 명사의 복수형, to 부정사, 그리고 완료 구문 번역 방법에 대해 살펴보겠습니다.

1. 복수명사 번역하기

영어에서는 단수와 복수의 구별을 정확히 표기합니다. 그러나 우리말에서는 반드시 복수형을 표시해야 하는 경우를 제외하고는 복수명사도 단수명사로 표시하는 편이 더 자연스럽습니다. 그러므로 영어 복수명사를 우리말로 번역할 때 일일이 복수를 나타내는 우리말 표시인 "-들"을 붙인다면 자연스럽지 않습니다. 다음 예를 생각해 봅시다.

ST1: Huge waves were breaking on the shore.
TT1: 거대한 파도들이 해안가에서 부서졌다.
TT2: 거대한 파도가 해안가에서 부서졌다.

ST2: Most honey bees live in beehives.
TT1: 대부분의 꿀벌들은 벌통에 산다.
TT2: 대부분의 꿀벌은 벌통에 산다.

위의 ST1에서 "파도들(waves)"은 복수명사입니다. 해안가에 몰려와 부서지는 파도는 당연히 여러 겹입니다. 하지만 이를 TT1에서처럼 "파도들"이라고 번역하니 문장이 간결하지 않습니다. 여기에서 복수명사인 "파도들"보다는 TT2에서처럼 "파도"로 번역하는 편이 더 자연스런 우리말 번역입니다. ST3의 경우 "bees"는 복수명사인데요, 여기서는 "Bees"를 수식하는 "대부분의(most)"라는 말에 이미 복수의 의미가 있으므로, 맥락상 "꿀벌들"보다는 "꿀벌"이라는 단수로 번역하는 편이 자연스럽습니다.

1. ST: Not a drop of alcohol passed my lips.

   TT: 난 술을 한 방울도 입에 대지 않았어.

2. ST: The water of the Gulf stretched out before her, gleaming with the million lights of the sun. The voice of the sea is seductive, never ceasing, whispering, clamoring, murmuring, inviting the soul to wander in the abysses of solitude. (Chopin)

   TT: 멕시코만의 바다가 그녀 앞에 드넓게 펼쳐졌고, 햇빛을 받아 수백만 개 빛으로 반짝였다. 바닷소리는 매혹적으로 끊이지 않고, 속삭이며, 부르짖으며, 웅얼거리며 그녀의 영혼이 고독의 심연을 헤매도록 유혹했다.

2. to 부정사 번역하기

      to 부정사는 영어를 처음 배우는 사람들을 위한 문법 참고서에서도 상당히 많은 분량을 차지할 만큼 어려운 부분이지만, 그 개념 자체가 생소하기 때문에 자연스러운 우리말로 번역하기 힘든 분야입니다. to 부정사 구문을 번역할 경우에는 국어 연결어미를 적절히 사용해서 자연스러운 우리말로 옮길 수 있는 방법을 잘 모색해야 합니다. 여기에서는 to 부정사의 의미와 기능을 잘 파악해서 문맥에 어울리는 번역 방법을 정리해 보겠습니다.

1) 목적을 의미하는 부사적인 용법의 to 부정사 번역

목적을 의미하는 부사적인 용법의 to 부정사를 번역하는 경우 영어 문법책에서 자주 보았던 번역 방식에 익숙한 우리는 이를 보통 "~하기 위해서"로 번역합니다. 물론 "~하는 것"이라는 표현을 전혀 사용하지 않을 수는 없습니다. 그렇지만 "~하기 위해서"라는 표현을 자주 반복해 사용하면 문맥상 어색합니다.

> ST: Let's go out to play soccer.
> TT1: 축구하기 위해서 나가자.(?)
> TT2: 축구하러 나가자.(○)

위 경우에서처럼, "축구하기 위해서 나가자"라는 번역은 우리말로 어색한 번역투의 문장입니다. 이렇게 번역하기 보다는 "~하려고" 또는 "~하러", 그리고 "~하고자"라는 표현을 사용해서 번역할 수 있습니다.

> ST: To escape the crowded streets and enjoy a picturesque, waterside stretch of North London, take to the canals.
> TT1: 사람들로 붐비는 거리를 벗어나 북부 런던에 있는 물가 산책로

의 그림 같은 풍경을 즐기기 위해서, 운하로 가세요.

TT2: 사람들로 붐비는 거리를 벗어나 북부 런던의 그림 같은 물가 산

책로의 풍경을 즐기러, 운하로 가세요.

위 예문들을 소리 내어 읽어 보면, 번역문인 TT2가 TT1보다 짧고 간결하며 유려합니다.

2) 결과를 나타내는 to 부정사의 부사적인 용법

두 번째로, 결과를 나타내는 to 부정사의 부사적인 용법은 "~하러" 또는 "~해서" 라는 우리말을 사용해 번역하면 좋습니다.

ST1: My grandfather lived long enough to witness my marriage.

TT1: 우리 할아버지는 오래 사셔서 내 결혼식에 오셨다.

ST2: I am very glad to meet you.

TT2: 널 만나서 정말 기쁘다.

3) 명사적인 용법의 to 부정사 문장의 번역

마지막으로 명사적인 용법의 to 부정사 문장의 경우를 살펴봅시다. 기존의 영어 문법책에서는 보통 우리말 어미인 "~하는 것"이라는 표현을 덧붙여 번역했습니다. 예를 들어, "To see is to believe"라는 to 부정사 문장은 "보는 것이 믿는 것이다"라고 번역을 합니다. 사실 이 말은 "보

아야 믿을 수 있다"는 의미입니다. 하지만 "것"이라는 말을 사용하니 번역문의 의미가 전체적으로 모호해서 그 의미가 금방 떠오르지 않습니다.

원래 '~하는 것'이라는 표현은 자체적인 어휘 의미가 없고 다른 명사를 대신하는 추상적인 단어입니다. "~하는 것"의 사전적인 의미는 "항상 다른 말 아래 붙어서, 그 말이 나타내는 사람, 물건, 이름 대신으로 두루 쓰이는 말"입니다(이희승). 좋은 번역문은 가능한 명료해야 합니다. 번역가는 원문이 모호한 경우라도 가능한 그 문장이 무슨 의미인가를 치열하게 고민하고 가장 알아듣기 편안한 방법으로 독자에게 전달해야 합니다. 그런 의미에서 "~하는 것"이라는 표현이 자주 나오는 번역문은 좋은 번역문이라 할 수 없습니다. 다음에서 "~하는 것"이라는 표현을 피해서 번역해 보겠습니다.

ST: Steve needs to excercise for his health.
TT1: 스티브는 건강을 위해 운동하는 것이 필요하다.(?)
TT2: 스티브는 건강을 위해 운동해야 한다.(○)

ST: He has much experience, to say nothing of learning.
TT1: 그 사람은 학식은 말할 것도 없고 경험도 풍부하다.(?)
TT2: 그 사람은 학식은 물론이려니와 경험도 풍부하다.(○)

위의 TT1은 모두 명사적 용법의 to 부정사를 "~하는 것"으로 옮겼습니다. 하지만 TT1보다는 TT2가 좀 더 자연스러운 우리말 문장입니다.

다음은 미국의 사상가이자 수필가인 소로우Henry David Thoreau의 대표 수필 『월든Walden』의 한 부분입니다. 번잡하고 화려한 도시의 삶보다는 소박하면서도 내면적으로 풍요로운 삶이 훨씬 중요하다는 생각을 담은 글입니다. to 부정사 의미에 유념하면서 번역해 보았습니다.

ST: I went to the woods because I wished to live deliberately, to front only the essential facts of life, and see if I could not learn what it had to teach, and not, when I came to die, discover that I had not lived. I did not wish to live what was not life, living is so dear; nor did I wish to practise resignation, unless it was quite necessary.
I wanted to live deep and suck out all the marrow of life, to live so sturdily and Spartan- like as to put to rout all that was not life, to cut a broad swath and shave close, to drive life into a corner, and reduce it to its lowest terms, and, if it proved to be mean, why then to get the whole and genuine meanness of it, and publish its meanness to the world; or if it were sublime, to know it by experience, and be able to give a true account of it in my next excursion. (Thoreau)

TT: 나는 숲으로 갔다. 내 뜻대로 살고 싶었고, 삶의 본질적 사실만을 마주하고 싶었으며, 삶으로부터 배워야만 하는 교훈을 내가 배울 수 있는지 알고 싶었고, 죽음에 이르렀을 때 내가 제대로 살지 않았다고 깨닫고 싶지 않았기 때문이다. 삶이 아닌 삶은 살고 싶지 않았다, 삶이라는 것은 너무나 소중하니, 스스로 삶을 포기하고 싶지도 않았다, 포기해야 하는 순간이 오지 않는 한.

나는 심도 있게 살면서 삶의 골수를 다 빨아먹고 싶었고, 강인하고 스파르타인처럼 살아서 삶이 아닌 모든 것을 도려내고, 베어내고 바싹 깎고 삶을 궁지에 몰아넣어 밑바닥이 보일 때까지 뜯어내고 싶었다. 만약 삶이 비천하다고 드러난다면 … 그 경우엔 비천함을 모조리, 진정으로 이해하여 세상에 알릴 것이고, 반대로 삶이 숭고하다고 드러난다면, 이를 스스로 체험하여 내가 다음 여행을 할 때 삶의 있는 그대로의 모습을 전해 줄 수 있을 것이다.

3. 현재완료 문장 번역하기

＿＿＿＿＿영어 완료 시제의 다양한 표현을 우리말로 적절하게 옮기는 방법을 알아봅시다. 영어와 우리말의 문법에서 시제를 나타내는 표현은 상당히 다릅니다. 시제의 종류에 대해서는 학자마다 이견이 있을 수 있으나, 학교 문법을 기준으로 볼 때, 영어 시제의 종류가 열두 가지로 구분됩니다. 즉, 현재, 현재완료, 과거, 과거완료, 미래, 미래완료라는 여섯 시제를 기본으로 여기에 각각 진행형이 적용됩니다. 반면에 한국어의 경우는 과거, 현재, 미래의 세 가지로만 나뉩니다. 영어의 시제는 한국어보다 훨씬 그 의미가 세분화되어 있으므로 이를 그대로 우리말로 직역하기 어렵습니다. 특히 영어에서는 완료 시제를 빈번히 사용하기 때문에 번역을 할 때 특별히 주의할 필요가 있습니다.

가령, 영어의 과거완료 시제를 우리말로 번역하는 경우를 생각해 봅시다. 한국어에는 과거에 일어났던 일보다 더 이전의 일을 묘사하는 경우에는 "-었었-"이라는 대과거를 나타내는 표현을 많이 사용합니다. 그런데 "-었었-"이라는 표현은 그 역할이 있어 매우 제한적이어서 정확한 의미 전달이 어렵습니다. 예를 들어 현재완료와 미래완료에서는 사용할 수 없습니다. 그러므로 영어 완료 문장을 번역하는 경우에는 원문의 함의를 잘 파악해서 그에 맞는 한국어 표현으로 바꾸어야 하며, 우리말로 시제가 직역될 수 없으니, 적절한 부사와 과거 시제의 표현을 결합하여 번역하면 좋습니다.

다음에서 영어의 동사 시제에서 완료 시제의 네가지 문장에 관해,

그 구체적인 의미와 번역 예를 간단히 들고 설명해 보겠습니다. 중복되는 내용을 피하기 위해서 이 장에서는 현재완료 시제를 중심으로 살펴보겠습니다. 과거완료 시제와 미래완료 시제는 다음에서 제시하는 현재완료 시제를 기준으로, 현재 대신 과거와 미래를 대응시켜서 번역하시기 바랍니다.

1) 완료 의미

다음 예문의 완료 시제의 의미는(수업이) 지금 방금 끝났음을 의미하는 완료의 의미를 내포합니다. 이러한 경우에는 "막" 혹은 "방금"이라는 부사와 과거 시제를 함께 사용하여 번역하면 좋습니다.

ST: Suzanne has finished her class.
TT: 수잔은 막 수업을 마쳤다.

2) 계속 의미

또한 어떤 동작이 과거의 일정 시점부터 시작되어 지금까지 이어지고 있음을 나타내는 계속의 용법일 때는 부사 "쭉", "줄기차게", "내내" 등이 유용하게 쓰일 수 있습니다.

ST: Suzanne has known Matthew from her childhood.
TT: 수잔은 매튜를 어릴 적부터 알았다.

3) 경험 의미

완료 시제가 주어의 경험을 나타내는 경우에는 우리말의 부사 "여태껏", "적" 등을 쓰면 좋습니다.

ST: Suzanne has never seen such a beautiful flower like this.
TT: 수잔은 이만큼 아름다운 꽃을 여태껏 본 적이 없다.

4) 결과 의미

또한 영어의 완료 기능에는 과거에 발생한 어떠한 일의 결과가 현재까지도 미치고 있음을 나타내는 결과의 용법이 있습니다. 이 경우 그 결과에 중점을 두고 번역해야 합니다.

ST1: Suzanne has lost her bracelet.
TT1: 수잔은 팔찌를 잃어버렸다.

ST2: Suzanne has destroyed the work that she began.
TT2: 수잔은 자기 손으로 시작한 일을 망쳐 버렸다.

위에서 살펴본 바와 같이, 영어의 완료 시제 표현과 한국어의 시제 표현은 동일하지 않습니다. 그러므로 영어 완료 시제의 의미를 정확히 숙지한 후에 이에 적절한 한국어 부사를 선택하여 첨가해 주는 것이 중요합니다.

다음 밑줄 친 완료 시제 부분에 유의하면서 번역했습니다.(1-5번 오바마 대통령 이임사, 6-9번 한강의 "While the U.S. Talks of War, South Korea Shudders"에서 발췌함.)

1. ST: The path that this country has taken has never been a straight line.
   TT: 이 나라가 이제껏 걸어온 길은 결코 순탄치 않았습니다.

2. ST: And that's okay. I have lost elections before.
   TT: 그리고 괜찮습니다. 저는 선거에서 져 본 적이 있습니다.

3. ST: That's how this country has moved forward for 240 years.
   TT: 그게 바로 이 나라가 지난 240년 동안 쭉 전진했던 방식입니다.

4. ST: That's how we have expanded the rights of our founding to reach all of our citizens.
   TT: 그것이 우리가 우리 모두 국민의 기본권을 보장하도록 내내 확장했던 방법입니다.

5. ST: It's how we have come this far.
   TT: 그것이 우리가 이제까지 여기 온 방법이었습니다.

6. ST: "I'm worried that a war might coming", the old man told the police, "so I had just taken my savings out of the bank and was on my way home."

TT: "전쟁이 일어날까 봐 걱정했어요." 노인이 경찰에게 말했다, "그래서 은행에 있던 돈을 막 찾아서 집에 가는 길이었지요."

7. ST: He said that it was money he had saved—a little it each month—for four years, intended to send his grandchildren to college.

TT: 그가 말하길, 그 돈은 손주들을 대학에 보내려고 매달 조금씩 4년간 계속 모은 돈이라고 했다.

8. ST: Since the Korean war broke out in the 1950's, war would have been the enduring experience of this man's adolescence.

TT: 한국전쟁이 1950년 대에 발발했으므로, 전쟁이란 그 남성에게 잊을 수 없는 청소년 시절의 경험으로 계속 남아 있었을 것이다.

9. ST: I imagine what he would have been feeling, a man who has lived an ordinary middle-class life ever since on his way to the bank to take out his savings.

TT: 나는 평범한 중산층으로 계속 살았던 그가 출금하러 은행에 가는 길 내내 느꼈을 감정을 상상한다.

10장　문맥 차원에서 번역하기

　　　이제까지 어휘 차원의 번역 방법론과 문법 차원에서의 번역 방법론을 살펴보았습니다. 이제 마지막 단계로 번역한 문장과 문장을 잘 연결하여 통일되고 유기적인 텍스트를 완성하는 일이 남았습니다. 우리말 속담에도 "구슬이 서 말이라도 꿰어야 보배"라는 말이 있듯이, 우리가 아무리 원문의 어휘와 문법을 각각 잘 번역했다고 하더라도 마지막 단계를 잘 마무리하지 못한다면 아무 소용이 없습니다. 원문의 문맥을 잘 살리면서 유려하게 번역하여야 훌륭한 번역문을 완성할 수 있습니다.

　　　이를 위해서는 영어 텍스트의 문맥을 정확하게 파악하는 것이 중요합니다. 문맥을 잘 파악한다는 말은 곧 영어 문장 속 메시지의 짜임을 이해하는 일을 의미합니다. 메시지 속에는 문장의 정보 구조와 저자의 의도가 조밀하게 짜여 있습니다. 이 장에서는 원문의 정보 구조와 저자의 의도를 분석하고 파악하는 방법을 살펴보고, 이를 번역문에 우리말 텍스트로 훌륭하게 완성하는 방법을 알아보겠습니다.

1. 영어 텍스트의 정보 구조 파악하기

      앞서 우리는 수동형 번역 방법에 관해 공부할 때, 원문 속의 정보의 흐름을 염두에 두면서 번역하는 연습을 한 바 있습니다. 의미가 유사한 두 문장이 있을 때, 두 문장을 구성하는 어휘나 구문이 서로 다른 어순으로 배치되어 있는 경우에는, 저자가 전달하고자 하는 정보의 순서 역시 상이합니다. 그 결과 전체적인 정보의 흐름이 두 문장에 각각 다르게 나타납니다.

      논리적으로 잘 구성된 영어 텍스트 속의 정보 구조는 구정보가 문장의 앞에 위치하고 신정보가 뒤에 나옵니다. 이러한 위치 구성은 한국어에서도 마찬가지입니다. 즉, 한국어 문장에서도 텍스트의 앞부분에는 일반적으로 이미 독자가 알고 있는 정보, 혹은 앞에서 언급된 바 있는 구정보가 위치하며, 뒷부분에는 새로 제시되는 신정보가 위치합니다. 그렇기 때문에 영어 문장의 구정보-신정보의 위치 구성은 한국어 번역본의 문장 구성에도 그대로 적용될 수 있습니다. 이를 그림으로 나타내면 다음과 같습니다.

문장 1: 구정보 - 신정보

문장 2: 구정보 - 신정보

문장 3: 구정보 - 신정보

예를 통해 구체적으로 알아보도록 하겠습니다. BBC 뉴스에서 보도된 일제강점기 위안부 생존자들에 관한 기사 중 일부입니다.

문장 1: There are now just 59 known survivors - nine live together in the House of Sharing(신정보) in Gwangju city in Gyeonggi province.

문장 2: The house(구정보) is a peaceful place, full of light. (Williamson)

위 두 개의 문장은 앞뒤로 연결된 문장입니다. 문장 1의 "나눔의 집(the House of Sharing)"처럼 문장에서 새로 제시되는 부분은 '신정보'이고, 문장 2의 "그 집(the House)"처럼 앞에 언급된 내용을 다시 지칭하는 말을 구정보라고 합니다. 문장 1의 "나눔의 집"은 문장에서 처음 소개되는 부분이니까 신정보에 해당합니다. 이 신정보는 다음 문장으로 넘어가 구정보가 됩니다. 이 두 문장을 읽는 독자는 먼저 문장 1에서 "나눔의 집"이라는 정보를 읽고 이어서 문장 2에서 "그 집"이라는 정보를 읽습니다. 문장 2의 "그 집"이라는 단어를 읽을 때 독자는 이 말이 앞에서 이미 나왔던 "나눔의 집"을 지칭한다는 사실을 인지하면서 문장 1에서 문장 2로 자연스럽게 독서를 진행할 수 있습니다. 한 문장에서 다음 문장으로 이어서 번역할 경우에, 번역가는 구정보와 신정보의 흐름 양상을 집중해서 파악하고, 이어서 원문의 정보 흐름에 유의하면서 우리말 번역본에도 물 흐르듯 연결될 수 있도록 노력해야 합니다.

[번역방법]

앞서 설명했듯이 구정보와 신정보의 문장 속에서의 위치는 우리 말에서도 유사합니다. 그러므로 번역문에서도 문장의 앞부분에는 바로 위에서 나타났던 이미 알려진 정보를 두고, 문장의 뒷부분에는 새로 나오는 정보를 둡니다. 구정보와 신정보의 흐름에 유의하여 위의 두 문장을 우리말로 번역하면 다음과 같습니다.

ST1: There are now just 59 known survivors - nine live together in the
House of Sharing(신정보) in Gwangju city in Gyeonggi province.
ST2: The House(구정보) is a peaceful place, full of light.

TT1: 현재 알려진 생존자는 59명뿐이고, 그중 9명이 경기도 광주시
'나눔의 집'에서 살고 있다.
TT2: 그 집은 빛으로 가득 찬, 평화로운 장소이다.

위의 영어 원문인 ST2의 구정보인 "The House"는 문장의 맨 앞에 위치해 있습니다. 구정보의 흐름을 TT2에 반영하여 문장의 맨 앞으로 위치시켜서 번역했습니다.

이어지는 문장의 신정보-구정보의 구조를 잘 파악하면서 다음 영어 텍스트를 우리말 텍스트로 옮겨 보겠습니다.

ST1: For some, an international language is equated with a language that has a large number of native speakers(신정보).

ST2: In this sense(구정보), Mandarin, English, Spanish, Hindi, and Arabic, the five most widely spoken mother tongues in the world today, might be considered international languages(신정보).

ST3: Unless such languages(구정보) are spoken by a large number of native speakers of other languages, the language cannot serve as a language of wider communication(신정보). (Mckay)

[모범 번역 맛보기]

TT1: 일부 주장에 따르면, 국제어란 많은 사람이 모국어로 사용하는 언어라고 한다.

TT2: 이런 관점에서 본다면(구정보), 오늘날 세계에서 가장 널리 사용하는 5개 모국어, 즉, 중국어, 영어, 스페인어, 힌디어, 아랍어는 국제어라고 할 수 있다(신정보).

TT3: 그 언어들(구정보)을 다수의 타언어 모국어 사용자가 사용하지 않는 한, 그 언어는 더 널리 의사소통하는 데 쓰일 수 없다.

위의 번역문인 TT2와 TT3에서도 ST의 구 정보들을 문장의 처음에 위치시켜 번역함으로써, ST의 정보의 흐름을 그대로 반영하고 있습니다.

2. 영어 원문의 초점을 파악하기

_____ 영어 텍스트 속 문맥의 흐름을 찾아내는 또 다른 좋은 방법은 원문 저자가 강조하려는 부분을 알아내는 것입니다. 사람들은 자신의 의도를 담화 속에 담기 위해 어휘와 문법, 그리고 문장의 구조를 선택합니다. 언어를 의사소통적 맥락에서 연구하는 체계 언어학자들에 따르면, 문장은 그 언어가 속한 언어 체계 안에서 화자가 선택한 다양한 언어 요소의 체계적인 결합입니다. 대표적인 체계 언어학자인 할리데이Michael Halliday는 "언어란 여러 가지가 관련된 선택 사항이 거대한 네트워크에 연결되어 있는 것이다"라고 주장합니다.

체계 기능 언어학(Systemic Functional Grammar)은 언어학자인 퍼스 J. R. Firth의 이론을 기초로 합니다. 퍼스는 언어를 연구할 때 상황적 맥락 (situational context)과 문화적 맥락(cultural context)을 반드시 감안해야 한다고 주장하였습니다. 퍼스의 제자인 할리데이는 언어를 "사람들이 주어진 상황적, 문화적 맥락을 배경으로 하는 의사 소통도구"라고 파악합니다. 그는 언어의 의미를 파악할 때 그 언어가 사용되는 상황을 이해하는 일이 무엇보다 중요하다고 강조합니다. 언어의 의미에 관한 체계 언어학자들의 관점은 번역가들이 언어를 다루는 접근 방식과 매우 유사합니다. 번역가들도 한 언어를 번역할 때 그 언어가 사용되는 사회의 문화적인 맥락과 상황적인 맥락을 반드시 감안해야 합니다. 그러므로 체계 기능 언어학은 번역가들에게 매유 유용한 이론이며, 이미 번역학계에서는 체계 기능 언어학을 중심으로 한 연구가 번역학의 한 분야로 자리잡고 있습니다.

언어와 맥락의 관계

언어란 상황과 문맥에 따라 결정된다고 본 할리데이의 관점은 우리가 번역을 하면서 저자의 의도와 글의 맥락을 분석하는 데 좋은 기초를 제공합니다. 같은 말이라도 어떤 상황에서 어떻게 말하느냐에 따라서 의미가 달라지고, 화자의 의도가 다르게 해석됩니다. 영화 〈조이 럭 클럽〉에서 중국인 웨이벌리Waverly가 미국인 애인을 집에 초대하여 부모님께 소개하는 장면을 봅시다. 웨이벌리의 어머니는 정성을 다해 요리를 마련했으면서도, 딸의 남자 친구에게 음식을 권하면서 "it is tasteless(이건 맛이 없다네)"라고 말합니다. 어머니는 자신의 음식이 진짜 맛이 없다고 생각한 것이 아니라 자신의 음식 솜씨를 칭찬받을 거라고 믿고 미리 겸손한 태도를 보이려 한 것이지요. 어머니의 말에는 원래 자신의 장점을 자랑하지 않는 동양적인 사고방식이 깔려있습니다. 그러나 이러한 의도가 미국인 남성에게 잘 전달될 리 없지요. 어머니의 말을 곧이곧대로 이해한 미래의 사윗감은 장래 장모님이 하루 종일 공들여 만든 음식에 소금을 잔뜩 뿌려 버립니다. 그 자리에 있던 중국인 가족들의 표정은 어떠했을지 여러분도 쉽게 상상할수 있을 듯 합니다. 만일 웨이벌리의 남자 친구가 중국인이었다면, 미래의 장모가 말한 겸손의 의도를 잘 파악할 수 있었을 것입니다.

그러면 영어 문장 속에서 저자의 의도는 어떻게 추적할 수 있을까요? 체계 언어학자들에 따르면, 영어 문장 속에서 저자의 의도는 문장의 첫 부분을 들여다보면 파악할 수 있다고 합니다. 문장의 첫 부분에는 저자가 말하는 초점이 자리합니다. 여기서 초점이란 저자가 의도하는 메시지의 중심을 의미합니다. 먼저 저자가 말하는 초점을 파악하는 방법부터 살펴볼까요? 다음 예를 보겠습니다.

Theme	Rheme
문장 1. The duke	has given my aunt that tea pot
문장 2. My aunt	has been given that tea pot by the duke
문장 3. That tea pot	the duke has given to my aunt

위 도표에서 할리데이는 하나의 스토리가 문장의 짜임에 따라 다르게 나타난다는 사실을 보여 주고 있습니다. 문장 1, 2, 3의 기본 내러티브는 "공작이 이모에게 주전자를 주었다"라는 것입니다. 그런데 문장의 첫머리에 어떤 명사가 자리하는가에 따라 이 문장을 쓴 저자의 의도가 상이하게 나타납니다. 문장 1은 주어가 "공작(The duke)"으로 나오는 문장입니다. 문장 1에서는 주전자(tea pot)를 주는 행동의 주체인 공작이 이야기의 초점이 됩니다. 그런데 문장 2는 수동형 문장으로 바뀌어서 행위의 주체인 공작이 문장의 맨 뒤에 위치하고 대신에 주전자를 받는 "나의 이모(my aunt)"가 문장의 맨 앞에 위치하여 문장의 초점이 됩니다. 문장 2에는 저자가 행위의 주체보다는 행위의 대상을 강조하고자 하는 의도가 내포

되어 있습니다. 마지막으로 문장 3에는 "그 주전자(that tea pot)"가 문장의 처음에 위치하여서 저자가 초점을 두고자 하는 대상이 공작이나 이모가 아닌, 주전자임을 보여 주고 있습니다.

할리데이를 비롯한 체계 기능 언어학자들은 이처럼 저자가 자신의 말의 초점(말하려는 메시지의 중심)을 표현하는 방법을 '이끔부 체계(THEME system)'라는 이론으로 설명합니다. 그들의 설명에 따르면, 하나의 문장은 이끔부(theme)과 딸림부(rheme)로 이루어집니다. 이끔부는 문장 메시지의 출발점이며, 저자가 가장 중요하다고 생각하는 부분으로 문장의 앞부분에 자리합니다. 반면에, 딸림부는 해당 메시지의 나머지 부분입니다. 보기 2의 세 문장도 이끔부와 딸림부로 나누어 구분되어 있습니다.

그러므로 저자나 화자가 어떤 문장 요소를 이끔부로 선택하는가에 따라 문장의 의미는 바뀔 수 있습니다. 체계 기능 문법의 영향을 받아

여기서 잠깐!!

꼭 알아야 할 번역학 개념

이끔부(Theme): 문장의 첫 머리에 제일 먼저 나오는 문장 요소로, 메시지의 첫 출발점으로 앞으로 전개될 이야기가 무엇에 관한 것인지 말해 준다. 또한 주어진 맥락 안에서 문장이 어떤 지향점을 가지는지 알려 주는 부분이다. (Halliday)

비평적 담화 분석 연구의 기틀을 마련한 페어클러프Norman Fairclough는, 주어진 문장의 이끔부를 분석하면 사회 현실에 대한 저자의 생각이나 의도를 파악할 수 있다고 설명합니다. 다음에서 이끔부 분석을 통해 저자의 사회에 관한 의도를 파악해 보겠습니다.

다음 기사는 미국에서 발행되는 「뉴스위크 국제판」에 실린 한국 정치 관련 기사입니다. 기사가 출간된 2005년 당시 미국의 부시 행정부와 한국의 노무현 정부는 북한에 대한 태도가 서로 매우 달랐습니다. 노무현 대통령은 북한에 유화적인 입장을 견지하였으나, 부시 행정부는 이에 대해 시종일관 비판적인 태도를 보였습니다. 이러한 미국 정부의 입장이 「뉴스위크」 기사에 그대로 반영되었습니다. 다음 ST에서는 노무현 대통령에 대한 비판적인 의도가 이끔부 구조를 통해 재현됩니다.

Theme	Rheme
ST: In a now notorious speech this spring,	Roh announced that it was time for South to start working as a "balancer" in North east Asia(Caryl).

위 ST에서는 "동북 지역에서의 한국의 균형자 역할(working as a "balancer" in North east Asia)"을 하겠다는 노무현 대통령의 연설을 "악명 높은(notorious)" 것이라 규정하며 매우 부정적인 입장을 보입니다. 이 문장의 초점은 이끔부에 있는, "지금 올 봄의 악명 높은 연설에서(in a now notorious speech this spring)"입니다. 이러한 문장 구조는 이 부분을 문장 앞에 위치시켜서 노무현 대통령에 대한 연설을 부정적으로 부각시키고자 하는 저자

의 의도를 내포합니다.

이끔부 체계와 한국어의 관계

영어 문장에서 저자나 화자가 의도적으로 자신이 중요시하는 부분을 이끔부로 나타낸다는 특징은 한국어와 유사합니다. 번역학자 김미라는 한국어에도 영어의 이끔부와 같은 특성이 있다고 주장합니다. 김미라에 의하면, 한국어와 영어의 이끔부는 "절의 맨 앞부분에 위치하며, 한 문장에서 여러 개의 이끔부가 존재할 수 있으며, 주어와 일치하는 경우가 일반적이라고 합니다(김미라, 2012).

한국어는 어순이 비교적 자유로우므로, 저자 자신이 중요하다고 생각하는 부분을 의도적으로 문장의 앞부분에 보낼 수 있습니다. 저자가 절의 첫머리를 무엇으로 시작하느냐 하는 것은 저자의 선택에 달렸고, 저자는 이야기를 어떻게 전개할 것인지를 염두에 두고 의도적으로 글의 구성을 선택합니다. 그리고 한국어에서 문장의 첫머리에 오는 구성 요소는 그 문장이 어떤 이야기를 하고 있는지 알려 주어서, 독자에게 앞으로 전개될 이야기에 관해 안내하는 역할을 합니다.

그렇지만 한국어의 이끔부는 영어보다 복잡합니다. 우선, 한국어의 주어는 해당 담화에서 쉽게 유추될 수 있는 경우에는 생략되는 경우가 많습니다. 그러므로 주어 역할을 하지만, 생략된 이끔부는 생략되지 않은 명시적 이끔부만큼이나 중요하게 다뤄져야 합니다.

또한 한국어 이끔부에는 '은/는'이나 '이/가'와 같은 문법적 의미를 지니는 조사가 뒤에 따라오기도 합니다. 일반 이끔부 뒤에 어떤 조사를 붙이는가에 따라 일반 이끔부에 담긴 정보가 새로운 정보로 취급되는지 아니면 이미 알고 있거나 주어진 정보로 취급되는지를 나타낼 수 있습니다. 새로운 정보로 취급되는 경우에는 '이/가'가, 이미 알려졌거나 예상된 정보로 취급될 경우에는 '은/는'이 쓰입니다. 예를 들어, "민병이가 축구를 좋아한대. 그래서 민병이는 축구 심판 자격증을 땄지"라는 문장에서 처음 나오는 명사 "민병이"는 조사가 이름 뒤에 "가"로 나타나고, 다음에 다시 언급되는 경우에는 이미 독자가 "민병이"라는 이름이 이 전 문장에서 들었기 때문에 조사인 "는"이 붙어서 "민병이는"으로 쓰이는 것입니다.

그러면 앞에 인용한 「뉴스위크」 국제판의 예문을 원문의 저자의 의도를 반영하여 번역해 보겠습니다.

Theme	Rheme
ST: In a now notorious speech this spring,	Roh announced that it was time for South to start working as a "balancer" in North east Asia.
TT: 올 봄 악명 높은 연설에서,	노 대통령은 지금은 한국이 동북아에서 "균형자" 역할을 해야 할 때라고 말했다.

위의 한국어 번역의 경우, 이끔부 자리에 "올 봄 악명 높은 연설에서"라는 부분을 그대로 이끔부에 보내어서, 노 전대통령의 연설을 부정적으로 부각시키고자 하는 원문의 저자 의도를 그대로 전달하였습니다.

그러면 이번에는 박근혜 전 대통령에 대한 CNN의 기사를 이끔부에 유의하면서 번역해 봅시다.

First Daughter

In 1974, Park's mother was killed in a botched assassination attempt on her father. In the years that followed, she assumed the role of First Lady, greeting world leaders alongside her father. This was Park's first training on how to lead her country. "With the sudden passing of my mother … heavy responsibilities and duties of the First Lady were suddenly forced upon me, it was indeed an arduous task," she told CNN in 2014. Five years after her mother's death, Park Chung-hee was also assassinated -- killed by his own security chief. Having lost both her parents and her home, Park withdrew from the public sphere, living what she described as "a very normal life. …" (Hancocks)

위 영어 텍스트의 이끔부 문장을 아래에 강조하여 표시해 보겠습니다.

① In 1974, Park's mother was killed in a botched assassination attempt on her father.

② In the years that followed, she assumed the role of First Lady, greeting world leaders alongside her father.

③ This was Park's first training on how to lead her country.

④ "With the sudden passing of my mother … heavy responsibilities and duties of the First Lady were suddenly forced upon me, it was indeed an arduous task," she told CNN in 2014.

⑤ Five years after her mother's death, Park Chung-hee was also assassinated -- killed by his own security chief.

⑥ Having lost both her parents and her home, Park withdrew from the public sphere, living what she described as "a very normal life." ···

밑줄 친 이끎부 부분을 한국어 문장에 반영하여 번역해 보았습니다.

영애

① 1974년, 박정희 암살 미수 과정에서, 박근혜의 어머니가 살해됐다.

② 이후 수년간, 박근혜는 영부인 역할을 맡아 세계 정상들을 아버지 곁에서 접견했다.

③ 이를 통해 박근혜는 나라를 어떻게 이끌어 갈지 처음으로 배웠다.

④ "어머니의 갑작스런 죽음 후, 영부인으로서의 무거운 책임감과 의무감이 갑작스레 뒤따랐습니다. 정말 힘들었습니다"라고 박근혜는 CNN과의 인터뷰에서 말했다.

⑤ 어머니가 죽고 5년 뒤, 아버지 박정희도 본인이 임명한 정보부장에게 암살당했다.

⑥ 부모와 집을 잃고 박근혜는 공적인 자리에서 벗어나 그녀의 표현에 따르면 "굉장히 평범한 삶"을 살았다.

영애

1974년, 박정희 암살 미수 과정에서, 박근혜의 어머니가 살해됐다. 이후 수년간, 박근혜는 영부인 역할을 맡아 세계 정상들을 아버지 곁에서 접견했다. 이를 통해 박근혜는 나라를 어떻게 이끌어 갈지 처음으로 배웠다. "어머니의 갑작스런 죽음 후, 영부인으로서의 무거운 책임감과 의무감이 갑작스레 뒤따랐습니다. 정말 힘들었습니다"라고 박근혜는 CNN과의 인터뷰에서 말했다. 어머니가 죽고 5년 뒤, 아버지 박정희도 본인이 임명한 정보부장에게 암살당했다. 부모와 집을 잃고 박근혜는 공적인 자리에서 벗어나 그녀의 표현에 따르면 '굉장히 평범한 삶'을 살았다.

위 번역에서 알 수 있듯이, 텍스트의 문맥을 잘 살려서 번역을 하기 위해서는 문장의 영어 원문의 이끔부를 눈여겨보고 이를 가능한 번역본에 반영시키는 것이 중요합니다.

[모범 번역 맛보기]

다음 영어 텍스트를 문장의 짜임에 유의하여 번역해 보았습니다. 특히 구정보와 신정보의 흐름, 그리고 이끔부에 유의했습니다. 참고로 Google 기계 번역기의 번역을 TT1으로 보여 드리겠습니다.

When Felipe II chose Madrid as his capital in 1561, it was a small
Castilian town with a population of barely 20,000. In the following
years, it was to grow into the nerve centre of a mighty empire.
Narrow streets with houses and medieval churches began to grown
up behind the old Moorish fortress, which was later replaced by a
Gothic palace and eventually by the present- day Bourbon palace,
the Palacio Real. The 16th century city is known as the 'Madrid de los
Austrias' after the Habsburg dynasty. At this time, monasteries were
endowed and churches and palaces were built. In the 17th century,
the Plaza Mayor was added and the Puerta del Sol became the
spiritual and geographical heart of Spain. (de Botton)

Google 번역기 번역문(2018년 9월 25일 산출)

펠리페 2 세는 1561 년 마드리드를 수도로 선택했을 때 인구 2 만 명
에 불과한 작은 카스텔 리안 도시였습니다. 그 다음 해에는 강력한 제
국의 신경 중심으로 성장했습니다. 주택과 중세 교회가 있는 좁은 거
리가 오래된 무어의 요새 뒤에 자라기 시작했습니다. 이 요새는 나중
에 고딕 양식의 궁전으로 바뀌었고 현재는 부르봉 왕가의 궁전 인 팔
라시오 레알로 대체되었습니다. 16 세기 도시는 합스부르크 왕조 이
후 '마드리드 드 로스 오스트리아'로 알려져 있습니다. 이때 수도원이
부여되고 교회와 궁전이 세워졌습니다. 17 세기에 마요르 광장이 추
가되었고 푸에르타 델 솔(Puerta del Sol)은 스페인의 정신적, 지리적 중심

지가 되었습니다.

모범 번역

펠리페 2세가 1561년에 마드리드를 수도로 정했을 때, 마드리드는 인구가 겨우 2만 명 정도밖에 되지 않는 작은 카스티야 도시였다. 그 후 몇 년 동안, 마드리드는 대제국의 신경 중추로 성장했다. 집과 중세 교회가 있는 좁은 길들이 이슬람 계통의 옛 요새 뒤편으로 생기기 시작했다. 이 요새는 후에 고딕 양식의 왕궁으로 변하고, 나중에는 오늘날의 팔라시오 레알이라는 부르봉 궁전으로 바뀌었다. 16세기에 형성된 구역은 오스트리아 합스부르크 왕조를 따서 '오스트리아 사람들의 마드리드'라고 부른다. 이때, 수도원이 생겼고 교회와 궁전을 건설되었다. 17세기에, 마요르 광장이 추가되면서 푸에르타 델 솔 광장은 스페인의 지리적, 정신적 구심점으로 성장했다.

부록

부록　원문의 종류에 따른 번역 방법론

 번역은 원천 텍스트의 종류에 따라 번역 방향이 상이할 수 있습니다. 가령, 학술 논문이나 여행 안내서를 번역하는 경우에는 원문의 내용을 그대로 번역해야 합니다. 반면에 소설이나 신문 기사를 번역하는 경우에는 번역문을 읽는 독자들의 기대에 맞추어 원문을 변형할 수 있습니다. 이 부분에서는 번역문의 종류에 따라 달라져야 하는 번역 방법을 알아봅니다.

 이 부분에서는 저와 함께 번역을 한 수강생들이 번역한 여행 안내서, 학술 논문, 신문 기사, 소설의 예를 들어 각 텍스트의 유형별로 번역 과정과 결과물을 예시해 드립니다. 먼저 원천 텍스트를 보여 드리고 그 아래 차례로 구글 번역기의 번역(GMT), 학생의 초벌 번역(TT1), 그리고 같은 학생의 최종 번역(TT2)를 보여 드립니다. 독자 여러분께서는 원천 텍스트가 목표 텍스트로 번역되는 과정을 꼼꼼히 참고하시길 바랍니다. 구글 번역기의 번역문 산출일은 2018년 10월 20일입니다.

1. 여행 안내서 번역

_____여행 안내서를 번역하는 목적은 여행자들에게 현지의 정보를 정확히 전달하는 것입니다. 그러므로 지명과 같은 고유명사, 그리고 면적, 길이, 화폐 단위의 도량형 등을 우리말로 정확하게 번역하는 데 주의를 기울여야 합니다. 영어로 쓰인 지명을 우리말로 정확히 옮기고자 할 때는 반드시 국립국어원의 외래어 표기법을 따라야 합니다. 또한 여행 안내서의 문장은 간결하고 그 의미가 명확해야 여행자들이 길을 가면서도 쉽게 읽을 수 있습니다. 그리고 무엇보다 여행 안내서의 문장은 독자의 시선을 이끄는 매력이 있어야 합니다. 여행 안내서의 1차 목적은 정확한 정보 전달이지만 그 외에도 독자가 그곳에 가 보고 싶게 하는 것이기도 하니까요. 다음은 수업 시간에 학생들이 번역한 여행 안내서입니다.

출처: https://www.lonelyplanet.com/canada/quebec-city/planning/introduction/a/nar/5827c8b4-1271-4f59-bca5-7423bb790866/361441

ST: Welcome to Quebec City.

GMT: 퀘벡 시티에 오신 것을 환영합니다.

TT1: 퀘벡 시티에 오신 걸 환영합니다.

TT2: 퀘벡시에 어서 오세요.

ST: Montréal may have more media connections, commercial activity and global cachet, but Québec City has something else: the soul of the province, and the fiercer grip on French Canadian identity.

GMT: 몬트리올에는 더 많은 미디어 연결, 상업 활동 및 세계적인 대담이 있을지 모르지만 퀘벡시는 다른 것을 가지고 있습니다. 프랑스계 캐나다인의 정체성에 대한 강경 한 인식.

TT1: 몬트리올이 미디어와의 접촉과 상업 활동이 더 활발하고 세계적인 명성이 더 높을지 몰라도, 퀘벡 시티에는 무언가 다른 점이 있습니다. 바로 퀘벡만의 정서와 프랑스계 캐나다인이라는 정체성에 대한 더 강한 자부심입니다.

TT2: 몬트리올이 활발한 상업 활동과 대중매체 덕에 세계적으로 더 유명할지라도, 퀘벡시에는 무언가 다른 점이 있습니다. 바로 퀘벡만의 정서와 프랑스계 캐나다인이라는 더 강한 자부심입니다.

ST: It also happens to be one of North America's oldest and most magnificent settlements.

GMT: 그것은 또한 북아메리카에서 가장 오래되고 가장 장엄한 정착지 중 하나입니다.

TT1: 퀘벡은 북미의 가장 오래되고 아름다운 명소 중 하나이기도 합니다.

TT2: 퀘벡시는 북미의 가장 오래되고 아름다운 지역 중 하나이기도 합니다.

ST: Its picturesque Old Town is a Unesco World Heritage site, a living museum of narrow cobblestone streets, 17th- and 18th-century houses and soaring church spires, with the splendid Château Frontenac towering above it all.

GMT: 그 그림 같은 올드 타운은 유네스코 세계 문화 유산으로 지정된 곳으로 좁은 조약돌 거리가 있는 살아있는 박물관, 17 세기 및 18 세기의 가옥과 급증하는 교회 첨탑이 있으며 화려한 Château Frontenac이 우뚝 솟아 있습니다.

TT1: 마치 한 폭의 그림 같은 퀘벡의 올드타운은 유네스코 세계 문화 유산입니다. 고풍스러운 샤토 프롱트낙 호텔이 우뚝 솟아 있고, 그 아래로 좁은 자갈길, 17에서 18세기의 집과 뾰족한 교회 첨탑이 가득해 마치 살아 있는 박물관 같습니다.

TT2: 한 폭의 그림 같은 퀘벡의 올드 타운은 유네스코 세계 문화유산입니다. 좁은 자갈 길, 17세기와 18세기 집과 뾰족한 교회 첨탑이 가득하고, 그 위로 고풍스러운 샤토 프롱트낙 호텔이 우뚝 솟아 있어 마치 살아 있는 박물관 같습니다.

ST: Even with a T-shirt shop on half the corners, there's more than a glimmer of Old Europe in its classic bistros, sidewalk cafes and manicured squares.

GMT: 구석의 절반에 티셔츠 가게가 있더라도 고전적인 비스트로, 인도식 카페 및 잘 다듬은 사각형에는 올드 유럽이 희미해집니다.

TT1: 모퉁이마다 티셔츠 가게가 있지만 작은 식당, 길가의 카페와 잘 꾸며진 광장에서는 옛 유럽의 정취를 잘 느낄 수 있습니다.

TT2: 모퉁이 곳곳에 티셔츠 가게가 있지만 고전풍의 작은 식당, 길가의 카페와 잘 꾸며진 광장에서는 옛 유럽의 흔적이 고스란히 남아 있습니다.

ST: You can get a taste of the city in a single day, but linger at least a weekend if you can.

GMT: 하루에 도시의 맛을 느낄 수는 있지만 가능한 한 주말은 적어도 머물러 있습니다.

TT1: 하루 만에 도시 전체를 둘러볼 수도 있지만 가능하다면 적어도 이틀은 머물러 보세요.

TT2: 하루 만에 도시 전체를 둘러볼 수도 있지만 가능하다면 적어도 주말 동안은 머물러 보세요.

ST: The city's compact size makes it ideal for walking, and it shines brightest when you slow down.

GMT: 도시의 컴팩트한 크기는 걷기에 이상적이며 천천히 움직일 때 가장 밝게 빛납니다.

TT1: 도시가 아담해서 산책하기 좋고, 여유를 두고 천천히 둘러보면 그 아름다움은 배가 됩니다.

TT2: 도시가 아담해서 산책하기 좋고, 여유를 두고 천천히 둘러봤을 때 가장 찬란히 빛납니다.

ST: The main focus of your visit should be the Old Town, split between the Old Upper Town(Haute Ville), perched above the St Lawrence River on the Cap Diamant cliffs, and the Old Lower Town(Basse Ville), where Samuel de Champlain established the first French foothold in 1608.

GMT: 귀하의 방문의 주요 초점은 올드 타운, Cap Diamant 절벽에 세인트 로렌스 강 위에 자리 잡고있는 Old Upper Town(오트 빌)과 Samuel de Champlain이 설립 한 Old Lower Town(Basse Ville) 사이에 분할되어야합니다. 1608 년 프랑스 최초의 발판.

TT1: 퀘벡에 가면 올드 타운은 꼭 가보셔야 합니다. 올드타운은 올드 어퍼타운(Haute Ville)과 올드 로워타운(Basse Ville)으로 나뉘어져 있습니다. 올드 어퍼타운은 세인트 로렌스 강을 살포시 덮고 있는 캅 디아망 절벽 위에 자리하고 있고, 올드 로워타운은 사무엘 드 샹플랭이 1608년에 프랑스의 첫 정착지를 마련한 곳입니다.

TT2: 퀘백에 가면 올드 타운을 꼭 가 보셔야 합니다. 올드 타운에는 올드 어퍼 타운(Haute Ville)과 올드 로워 타운(Basse Ville)이 있습니다. 올드 어퍼 타운은 세인트 로렌스강을 살포시 덮고 있는 캅 디아망 절벽 위에 자리하고 있고, 올드 로워 타운은 사무엘 드 샹플랭이 1608년에 프랑스의 첫 정착지를 마련한 곳입니다.

ST: The Old Town is packed with museums, mansard-roofed houses and cobblestone streets just begging to be explored.

GMT: 올드 타운에는 탐험을 구걸하는 박물관, 맨 사드 - 지붕 가옥 및 조약돌 거리가 가득합니다.

TT1: 올드 타운은 마치 관광객이 구경해주기를 기다리기라도 한 듯 박물관, 이중 경사 지붕을 가진 집과 자갈길로 가득합니다.

TT2: 올드 타운은 마치 관광객이 찾아오기를 기다리는 마냥, 박물관, 이중 경사지붕 집과 자갈 길로 가득합니다

ST: Outside the walls, through the historic town gates of Porte St-Louis and Porte St-Jean, four additional neighborhoods are easily accessible: St-Jean Baptiste, Colline Parlementaire, Montcalm and St-Roch, each boasting wonderful restaurants, shopping and night life.

GMT: 벽 밖에서는 Porte St-Louis 및 Porte St-Jean의 역사적인 마을 입구를 통해 St-Jean Baptiste, Colline Parlementaire, Montcalm 및 St-Roch 등의 명소에 쉽게 접근 할 수 있습니다. 각 레스토랑에는 멋진 레스토랑, 쇼핑 및 유흥 시설이 있습니다.

TT1: 역사 깊은 생 루이 대문과 생 장 대문으로 성 밖을 나서면, 근처에 이웃동네 네 곳이 있습니다. 바로 생 장 밥티스트, 콜린 팔레멘테르, 몽칼름, 그리고 생 로슈입니다. 이 도시들은 각각 훌륭한 식당과 화려한 쇼핑 명소, 그리고 멋진 밤 문화를 자랑합니다.

TT2: 역사 깊은 생 루이 대문과 생 장 대문으로 성 밖을 나서면, 이웃 동네 네 곳에 쉽게 닿을 수 있습니다. 바로 생 장 밥티스트, 콜린 팔레멘테르, 몽칼름, 그리고 생 로슈입니다. 이 도시들은 각각 훌륭한 식당과 화려한 쇼핑 명소, 그리고 멋진 밤 문화를 자랑합니다.

ST: Also noteworthy here are the vast Plains of Abraham, where the British defeated the French in 1759; nowadays enshrined as a national park, this area offers superb recreational opportunities.

GMT: 또한 아브라함의 광대 한 평야인데, 영국인들은 1759 년을 기쁘게 했다. 요미 국립 공원 둘러보기 지역 레크리에이션 기회를 제공합니다.

TT1: 또 한 가지 주목할 만한 장소는 바로 넓디 넓은 아브라함 고원입니다. 이 고원은 1759년에 프랑스가 영국에 패배한 결전장입니다. 현재는 국가에서 국립공원으로 지정하여 보호하고 있으며, 휴양지로 전혀 손색이 없는 곳입니다.

TT2: 또 한 가지 주목할 만한 장소는 바로 넓디넓은 아브라함 고원입니다. 이 고원은 1759년에 프랑스가 영국에 패배한 결전장입니다. 현재는 국가에서 국립공원으로 지정하여 보호하고 있으며, 휴양지로 전혀 손색이 없는 곳입니다.

ST: Québec City goes to great lengths to entertain visitors.

GMT: 퀘백 시티는 방문객을 즐겁게하기 위해 많은 시간을 보냅니다.

TT1: 퀘벡 시를 방문하는 사람은 최대의 즐거움을 찾을 수 있습니다.

TT2: 퀘벡시에는 방문객들이 즐길 거리가 정말 많습니다.

ST: All summer long, musicians, acrobats and actors in period costume take to the streets, while fantastic festivals fill the air with fireworks and song.

GMT: 여름 내내 여름에는 음악가, 곡예사, 배우들이 거리 의상을 입고 환상적인 축제가 불꽃 놀이와 노래로 공기를 가득 채웁니다.

TT1: 여름 내내 음악가, 곡예사 그리고 고상한 의상의 배우들이 거리를 메우며, 멋진 불꽃놀이와 노랫소리가 있는 환상적인 축제도 열립니다.

TT2: 여름 내내 음악가, 곡예사 그리고 고상한 의상의 배우들이 거리로 쏟아져 나오고, 환상적인 축제의 노랫소리와 불꽃놀이가 거리를 메웁니다.

ST: In the coldest months of January and February, Québec's Winter Carnival is arguably the biggest and most colorful winter festival around.

GMT: 1 월과 2 월의 가장 추운 달에 퀘벡의 겨울 카니발은 아마도 가장 크고 화려한 겨울 축제 일 것입니다.

TT1: 1, 2월의 한파와 함께 열리는 퀘벡 겨울 축제는 다른 축제에 비해 가장 규모가 크며 현란합니다.

TT2: 가장 추운 1, 2월에 열리는 퀘벡 겨울 축제는 다른 축제에 비해
가장 규모가 크며 현란합니다.

ST: Fall and spring bring beautiful foliage, dramatically reduced prices
and thinner crowds.

GMT: 가을과 봄에 아름다운 단풍이 생겨 극적으로 가격이 하락하고
군중이 더 적습니다.

TT1: 봄, 가을에는 아름다운 나뭇잎이 무성합니다. 이 때는 좀 더 낮
은 가격으로 한적한 퀘벡을 즐길 수 있습니다.

TT2: 봄, 가을에는 아름다운 나뭇잎이 무성합니다. 이때는 훨씬 낮은
가격으로 한적한 퀘벡을 즐길 수 있습니다.

출처: https://www.lonelyplanet.com/canada/quebec-city/planning/
introduction/a/nar/5827c8b4-1271-4f59-bca5-7423bb790866/361441

2. 학술 논문 번역

　　　　학술 논문을 번역할 때는 해당 분야의 전문 용어에 유의하며 정확
히 번역하여야 합니다. 전문 용어를 번역하면서 역주를 달아야 하는 경
우에도 정확한 내용 전달을 위해 해당 내용에 관한 충분한 연구가 바탕이

되어야 합니다. 가능하면 학술 논문 번역은 그 분야를 전공한 사람이 번역을 하는 것이 바람직하지만, 전공자가 아니라면, 번역을 마치면서 전공자의 감수를 받는 방법이 좋습니다. 다음은 수업 시간에 다루었던 학술 논문 번역의 한 부분입니다.

ST: Chapter 1. Main issues of translation studies

GMT: 1 장. 번역 연구의 주요 쟁점

TT1: 제 1장. 번역 연구의 주요 사안

TT2: 제1장. 번역 연구의 주요 쟁점

ST: Key concepts

GMT: 주요 개념

TT1: 핵심 개념

TT2: 핵심 개념

ST: The practice of translating is long established, but the discipline
   of translation studies is new.

GMT: 번역의 관행은 오랫동안 확립되어 있지만, 번역 연구의 원칙은
   새로운 것입니다.

TT1: 번역 행위는 오랫동안 행해져 왔으나, 학문 분야가 정립된 지 얼
   마 안됐다.

TT2: 번역하는 일은 오랫동안 존재했으나, 학문 분야로 정립된지는

얼마 되지 않았다.

ST: In academic circles, translation was previously regulated to just a
  language-learning activity.
GMT: 학계에서는 언어 학습 활동으로 번역이 사전 규제되었습니다.
TT1: 학계에서 번역은 이전까지 언어 학습 활동으로만 제한되었다.
TT2: 학계에서 이전까지 번역은 언어 학습 활동에만 국한되었다.

ST: A split has persisted between translation practice and theory.
GMT: 분열은 번역 실습과 이론 사이에서 지속되었습니다.
TT1: 실전과 이론 사이의 간극이 오랫동안 존재했다.
TT2: 이러한 실전과 이론의 간극이 오랫동안 지속되었다.

ST: The study of(usually literary) translation began through comparative
  literature, translation 'workshops' and contrastive analysis.
GMT: (보통 문학)번역의 연구는 비교 문학, 번역 '워크샵'및 대조 분석
  을 통해 시작되었습니다.
TT1: 번역학은 문학을 비교하고, 번역 워크샵을 가지며, 대조 분석함
  으로써 시작됐다.
TT2: 번역 연구(주로 문학 작품)는 원문을 비교하고, 번역 '워크샵'을 하
  며, 대조 분석을 함으로서 출발했다.

ST: James S. Holmes's 'The name and nature of translation studies' is considered to be the 'founding statement' of a new discipline.

GMT: 제임스 S. 홈즈(James S. Holmes)의 '번역 연구의 이름과 본질'은 새로운 학문의 '창립 성명서'로 간주됩니다.

TT1: 제임스 S. 홈스의 '번역학의 이름과 본질'은 신생 분야의 지침서로 간주된다.

TT2: 제임스 S. 홈스의 '번역학의 이름과 본질'은 신생 분야로의 '개척 선언문'으로 간주된다.

ST: Translation studies has expanded hugely, and is now often considered an interdiscipline.

GMT: 번역 학문은 거대하게 확장되어 이제는 종종 학제 간으로 간주됩니다.

TT1: 번역 연구는 크게 확장되어 왔으며 여러 학제 간의 분야로 여겨진다.

TT2: 번역 연구는 크게 확장되었으며 현재에는 종종 다학제적 학문이라 여겨진다.

ST: The Concept of Translation

GMT: 번역의 개념

TT1: 번역의 개념

TT2: 번역의 개념

ST: The main aim of this book is to introduce the reader to major concepts and models of translation studies.

GMT: 이 책의 주요 목적은 번역 연구의 주요 개념과 모델을 독자에게 소개하는 것입니다.

TT1: 이 책의 주 목표는 번역학의 주요 개념 및 모범을 소개하는 것이다.

TT2: 이 책은 번역학의 주요 개념 및 모델을 소개하는 데 주안점을 둔다.

ST: Because of the rapid growth in the area, particularly over the last decade, difficult decisions have had to be taken regarding the selection of material.

GMT: 특히 지난 10 년 동안이 지역의 급속한 성장으로 인해 물질 선택과 관련하여 어려운 결정이 내려져야했습니다.

TT1: 지난 십 여년간, 번역학이 급속도로 성장했기에 소재 선정에 어려운 결정들이 따랐다.

TT2: 번역학이 특히 지난 십여 년간 급속도로 성장했기에, 어떤 자료를 골라야 할지 결정하기 어려웠다.

ST: We have decided, for reasons of space and consistency of approach, to focus on written translation rather than oral translation(the latter is commonly known as interpreting or interpretation), although the overlaps make a clear distinction impossible.

GMT: 우리는 공간의 일관성과 접근의 일관성 때문에 구전이 아닌 명

백한 구별이 불가능하지만 구두 번역보다는 후자의 번역에 초
점을 맞추기로 결정했습니다.

TT1: 우리는 접근 영역과 방식의 일관성을 이유로, 중첩된 부분으로
인해 분명한 구분이 불가능함에도 불구하고, 구두 번역보다 서
면 번역에 집중하기로 결정했다.(후자는 흔히 통역 행위 혹은 통역이라
한다.)

TT2: 지면상의 제약을 감안하고 일관된 접근 방법을 유지하고자, 구
두번역보다는 서면 번역에 집중하기로 했다.(전자는 흔히 통역 행위
혹은 통역이라 한다.) 구두 번역과 서면 번역을 명확히 구분하기 불
가능하지만.

ST: The term translation itself has several meanings: it can refer to the
general subject field, the product(the text that has been translated) or the
process(the act of producing the translation, otherwise known as translating).

GMT: 용어 자체는 여러 가지 의미가 있습니다. 즉, 일반적인 주제 분
야, 제품(번역 된 텍스트) 또는 프로세스(번역을 생산하는 행위, 그렇지
않으면 번역이라고도 함)를 나타낼 수 있습니다.

TT1: 번역이라는 용어 자체는 여러 의미가 있다. 예로 학문 분야, 결과
물(번역문) 또는 과정(번역문을 생산하는, 번역을 하는 행위) 등이 있다.

TT2: 번역이라는 용어 자체에는 여러 의미가 있다. 예로 학문 분야,
결과물(번역문) 또는 과정(번역문을 생산하는, 번역을 하는 행위) 등을 일
컫는다.

ST: The process of translation between two different written languages involves the translator changing an original written text(the source text or ST) in the original verbal language (the source language or SL) into a written text (the target text or TT) in a different verbal language(the target language or TL).

GMT: 서로 다른 두 언어 간의 번역 과정은 번역사가 원본 언어(원본 언어 또는 SL)의 원본 텍스트(원본 텍스트 또는 ST)를 다른 언어의 작성 텍스트(대상 텍스트 또는 TT)로 변경하는 과정입니다. 구두 언어(목표 언어 또는 TL).

TT1: 서로 다른 두 문자 언어 간의 번역 과정에서 번역가는 원형의 음성 언어(Source Language 또는 ST)로 된 원문(Source Text 또는 ST)을 다른 언어(Target Language 또는 TL)로 된 번역문(Target Text 또는 TT)으로 바꾼다.

TT2: 서로 다른 두 문자 언어 간의 번역 과정에서 번역가는 원천 언어(Source Language 또는 ST)로 된 원문(Source Text 또는 ST)을 목표 언어(Target Language 또는 TL)로 된 번역문(Target Text 또는 TT)으로 바꾼다.

ST: This type corresponds to 'interlingual translation' and is one of the three categories of translation described by the Russo-American structuralist Roman Jakobson in his seminal paper 'On linguistic aspects of translation.' (Jakobson 1959/2004: 139) Jakobson's categories are as follows:

GMT: 이 유형은 '언어 간 상호 번역'에 해당하며 러시 - 아메리칸 구조 주의자 인 로마 제이콥슨(Roman Jakobson)이 그의 정액 논문 '번역의 언어 적 측면'(Jakobson 1959/2004 : 139)에서 설명한 3 가지 범주의 번역 중 하나입니다. Jakobson의 카테고리는 다음과 같습니다.

TT1: 이 유형은 '언어 간 번역'에 해당하며 러시아계 미국인이자 구조 언어학자인 로만 야콥슨이 자신의 선구/혁신/획기적인 논문 '번역의 언어적 양상에 관하여'에 저술한 번역의 세 가지 범주 중 하나이다. 야콥슨의 범주는 다음과 같다.

TT2: 이 유형은 '다른 언어 간 번역'에 해당하며 러시아계 미국인이자 구조 언어학자인 로만 야콥슨(Roman Jakobson)이 자신의 선구적인 논문 '번역의 언어적 양상에 관하여(On linguistic aspects of translation)'에 저술한 번역의 세 가지 범주 중 하나이다. 야콥슨의 범주는 다음과 같다.

ST: intralingual translation, or 'rewording': 'an interpretation of verbal signs by means of other signs of the same language';

GMT: 언어 간 번역 또는 '되풀이': '같은 언어의 다른 기호를 사용하여 구두 간판 해석';

TT1: 언어 내 번역, 또는 '어구 바꾸기': '언어 기호를 동일 언어 내 다른 기호로 해석하는 것'

TT2: 동일 언어 내 번역, 또는 '바꿔 쓰기': '언어 기호를 동일 언어 내

다른 기호로 해석하기'

ST: interlingual translation, or 'translation proper': 'an interpretation of verbal signs by means of some other language';

GMT: 인터링어 번역 또는 '적절한 번역': '다른 언어를 통한 구두 표시의 해석';

TT1: 언어 간 번역, 또는 '엄밀한 의미의 번역': '언어 기호를 다른 언어로 해석하는 것'

TT2: 다른 언어 간 번역, 또는 '엄밀한 의미의 번역': '언어 기호를 다른 언어로 해석하기'

ST: intersemiotic translation, or 'transmutation': 'an interpretation of verbal signs by means of signs of non-verbal sign systems'.

GMT: intersemiotic translation 또는 'transmutation': '비언어적 표지 시스템의 징후에 의한 구두 표시의 해석'.

TT1: 기호간 번역, 또는 '변형': '비언어 기호 체계로 언어 기호를 해석하는 것"

TT2: 기호 간 번역, 또는 '변형': '비언어 기호 체계로 언어 기호를 해석하기'

ST: intralingual translation would occur, for example, when we rephrase an expression or when we summarize or otherwise rewrite a text in the same language.

GMT: 예를 들어, 표현을 수정하거나 동일한 언어로 된 텍스트를 요약하거나 다시 작성할 때와 같은 언어 간 번역이 이루어집니다.

TT1: 언어 간 번역은 예를 들어, 표현을 바꾸어 말할 때 혹은 같은 언어로 글을 요약하거나 재진술할 때 발생한다.

TT2: 동일 언어 내 번역은, 예를 들어, 동일한 언어로 표현을 바꾸어 말할 때나 혹은 글을 요약하거나 재진술할 때 발생한다.

ST: Intersemiotic translation would occur if a written text were translated, for example, into music, film or painting.

GMT: 예를 들어 서면 텍스트가 음악, 영화 또는 그림으로 번역되면 역동적 인 번역이 이루어집니다.

TT1: 기호 간 번역은 문서를 예컨대 음악, 영화 혹은 그림으로 번역할 때 발생한다.

TT2: 기호 간 번역은 문서를 예컨대 음악, 영화 혹은 그림으로 번역할 때 발생한다.

ST: It is interlingual translation, between two different verbal languages, which is the traditional, although by no means exclusive, focus on translation studies.

GMT: 그것은 서로 다른 두 가지 언어 사이의 언어 간 번역입니다. 이 언어는 전통적이지만 결코 독점적이지는 않지만 번역 연구에 중점을 둡니다.

TT1: 다른 두 언어의 번역인 언어간 번역이야말로 번역학의 전통이면서 독점적이지는 않은 주안점이다.

TT2: 다른 언어 간 번역이야말로 비록 전적으로는 아니지만 전통적으로 번역학의 주안점이다.

출처: Jeremy Munday(2012), *Introducing Translation Studies: Theories and Applications*, New York: Routledge, 2012.

3. 신문 기사 번역

_____신문 기사는 기본적인 정보 이외에도 기사를 작성한 사람의 생각의 틀과 글의 배경을 이루는 사회의 가치 기준, 이데올로기를 반영하고 있습니다. 그러므로 뉴스 기사를 번역할 때는 사회 언어학적인 접근을 하면서 글의 행간에 있는 의미를 정확하게 읽어 낼 필요가 있습니다. 원문의 의미를 파악한 후에는 신문사의 편집 방향과 독자들의 기대에 맞춰 번역문을 적절하게 다듬어야 합니다. 실제 신문 기사 번역문을 살펴보면, 번역문은 번역이 이루어지는 사회의 가치관이나 이데올로기에 따라서 원문과 다르게 나타나는 경우가 자주 발생합니다. 신문 기사 번역에 관해 연구하는 대표적인 학자인 바

스넷Susan Bassnett에 따르면, 신문 기사는 번역 과정에서 목표 독자의 기대와 맥락에 맞게 대대적으로 편집되고 다시 쓰이고 변형되어서 원문과는 전혀 다른 번역문이 나올 수도 있다고 합니다. 가령, 신문 기사 제목은 아예 해당 기사를 번역하는 신문사에서 임의로 새로 만들기도 합니다. 우리나라 중앙일보사에서 나오는 「뉴스위크」 한글판의 경우에는 제목을 정할 때, 원문의 제목을 그대로 쓰지 않고 기사의 내용에서 요약한 문구를 독자들의 눈에 띄는 스타일로 개작한다는 방침이 있습니다.

　　이러한 실제 번역 양상을 반영하여, 우리 반 학생들이 우리나라 "위안부" 문제에 관한 「BBC」의 영문 기사를 우리말로 번역하였습니다. 학생들이 번역을 하면서 중점을 둔 부분은 "위안부"에 관한 우리나라 독자들의 정서를 반영하는 일이었습니다. 원문과 다르게 어휘나 대우법의 높임말을 사용해서 "위안부"들에 대해 존중하는 마음가짐을 드러내었고, 호칭을 "할머니"들이라고 지칭해서 친근감을 나타내며, 그들의 삶이 일본에 유린당했음을 나타내기 위해 수동형을 그대로 사용하였습니다.

ST: Comfort women: South Korea's Survivors of Japanese Brothels

　　By Lucy Williamson BBC News, Seoul

GMT: 위안부 : 일본 유흥 업소의 한국 생존자들

　　　루시 윌리엄슨, BBC News, 서울

TT1: '위안부' 생존자들, 끝나지 않은 역사

　　　루시 윌리엄슨 기자, BBC 뉴스(서울 특파원)

TT2: 일본군 '위안부' 생존자들, 끝나지 않은 아픔

루시 윌리엄슨 기자, BBC 뉴스(서울 특파원).

ST: Elderly women once forced to work in Japan's military brothels live out their days in a unusual retirement home next to a museum that records their suffering.

GMT: 한때 일본의 군사 매춘 업소에서 일하도록 강요받은 노인 여성들은 그들의 고통을 기록한 박물관 옆에 비정상적인 은퇴 가정에서 살고있다.

TT1: 한때 일본군 '위안부'로 강제 동원되었던 할머니들은 자신의 고통이 기록된 박물관 옆 일반적이지 않은 양로원에서 여생을 보내고 있다.

TT2: 일본군 위안소에서 한때 '위안부'로 일하도록 강요당했던 할머니들은 자신의 고통을 담은 박물관 옆 특수한 양로원에서 여생을 보내고 있다.

ST: Their numbers dwindling, the former "comfort women" feel they have never had a full and sincere apology - and are still waiting.

GMT: 그들의 수는 줄어들고, 이전의 "위안부"들은 그들이 진실하고 진실한 사과를 한 번도 본 적이 없다고 느낀다. 그리고 여전히 기다리고있다.

TT1: 생존자의 수가 줄어드는 현 상황에서, '위안부 여성'들은 진정한 사과를 제대로 받은 적이 한 번도 없다고 느끼며 여전히 사과를 기다리고 있다.

TT2: 할머니들의 수는 줄어드는데, 그분들은 충분하고 진정한 사과를 받은 적이 한 번도 없다고 느끼며 여전히 사과를 기다리고 있다.

ST: On a winding country road, shadowed by South Korea's mountainous countryside, sits a strange building, jutting awkwardly from the cottages and tomato farms around it.

GMT: 구불 구불 한 시골 길에서 한국의 산악 지대에 숨어있는 이상한 건물에 코티지와 토마토 농장에서 어색하게 돌출되어있다.

TT1: 산골에 가려진 굽은 길을 따라가면 주변 시골집과 토마토 밭에서 툭 튀어나온 낯선 건물 한 채가 있다.

TT2: 산골에 가려진 굽은 길을 따라가면 주변 시골집과 토마토 밭에서 툭 튀어나온 낯선 건물 한 채가 있다.

ST: A sweeping arched portico looks down sternly on the narrow lane, from where you can glimpse the striking statues and memorials inside.

GMT: 전면적 인 아치형 현관 현관은 내부의 현저한 조각상과 기념탑을 엿볼 수있는 좁은 골목에서 엄하게 내려다 봅니다.

TT1: 마치 가파른 아치형 입구가 좁은 차선을 준엄하게 내려다 보는 듯한 그 곳에서 안에 있는 특이한 조각상과 기념비를 언뜻 볼 수 있다.

TT2: 완만한 아치형 입구가 좁은 도로를 준엄하게 내려다보는 듯했고, 그곳 내부로 특이한 조각상과 기념비를 언뜻 볼 수 있다.

ST: There's a gravel car park, bigger than the building's nine elderly residents would normally warrant, and leaflets at the door in English, Japanese and Korean.

GMT: 건물의 9 명의 노인 거주자가 정상적으로 보증하는 것보다 큰 자갈 주차장이 있으며 영어, 일본어, 한국어로 된 전단지가 있습니다.

TT1: 아홉 분이 거주하는 것 치고는 큰 주차장이 하나 있고 현관에는 영어, 일본어, 한국어로 된 전단지도 붙어있다.

TT2: 아홉 분이 거주하는 것 치고는 큰 자갈 주차장이 있고 현관에는 영어, 일본어, 한국어로 된 전단지가 붙어 있다.

ST: Because, despite the game show blaring from the living room television, this isn't your typical retirement home.

GMT: 왜냐하면 게임 TV가 거실 TV에서 울려 퍼지기는했지만, 이것은 전형적인 은퇴 가정이 아니기 때문입니다.

TT1: 주차장이 이렇게 큰 이유는 보통 양로원처럼 거실 텔레비전에서 오락프로 소리가 요란하게 울리지만 사실 이곳은 평범하지 않기 때문이다.

TT2: 이유인즉, 보통 양로원처럼 거실 텔레비전에서 오락프로가 요란하게 울리지만 이곳은 평범하지 않기 때문이다.

ST: It's a living museum, known as the House of Sharing, and its statues and plaques tell the story of its residents' unusual lives - as "comfort women" for Japan's wartime army.

GMT: 그것은 공유의 집으로 알려진 살아있는 박물관이며, 동상과 상패는 일본인의 전시 군대를위한 "위안부"로서 거주자의 특별한 삶에 대한 이야기를 전합니다

TT1: '나눔의 집'으로 알려진 이곳은 살아있는 박물관이다. 그곳에 있는 동상과 명판은 할머니들이 일본군 '위안부'로서 겪었던 고달픈 삶의 이야기를 들려준다.

TT2: 여기는 살아 있는 박물관으로, '나눔의 집'이라 한다. 이곳에 있는 동상과 명판은 이곳 거주자들의 특별한 삶 이야기를 들려준다. 바로 일본군 '위안부'로서의 삶 말이다.

ST: The youngest resident is now 84, but as young women during World War II, all say they were forced to work as sex slaves in Japan's military brothels.

GMT: 막내 거주자는 현재 84 세이지만 제 2 차 세계 대전 중 젊은 여성들은 모두 일본 육군 매춘 업소에서 성 노예로 일하도록 강요 받았다고 전했다.

TT1: 가장 연세가 적으신 분은 올해로 84세이다. 제2차 세계대전 당

시만하더라도 어린 소녀였던 할머니들은 모두 일본군 '위안소'
에 강제로 동원되었다고 한다.

TT2: 가장 연세가 적으신 분은 올해로 84세이다. 제2차 세계대전 당
시만 하더라도 어린 소녀였던 할머니들은 모두 일본군 사창가에
성노예로 강제 동원되었다고 한다.

ST: Yi Ok-seon is a frail old lady with a walking frame who has
difficulty speaking.

GMT: 이옥선(Yi Ok-seon)은 워킹 프레임이있는 허약한 할머니로 말하
기가 어렵다.

TT1: 이옥선 할머니는 보행 보조기를 끌고 다니고 말하는 데 어려움
이 있는 연약한 분이다.

TT2: 이옥선 할머니는 보행 보조기를 사용하는 데다가 말하는 데 어
려움을 겪는 연약한 분이다.

ST: But her eyes, when you meet them, are still sharp.

GMT: 그러나 그녀의 눈은 당신이 그들을 만날 때 아직도 날카 롭습
니다

TT1: 그러나 눈을 마주하면 눈빛만큼은 여전히 살아있다.

TT2: 그러나 그분의 눈을 바라보면, 눈빛이 여전히 날카롭다.

ST: She says she was 15 when a Korean and a Japanese man forcibly took her to north-west China, then under Japanese control.

GMT: 그녀는 15 세 때 한국인과 일본인이 강제로 중국 북서쪽으로
데려 갔다.

TT1: 한국인과 일본인 남성에게 중국 서북지방으로 끌려가 일본의 손
에 넘어가게 되었던 때가 겨우 15세였다.

TT2: 할머니가 말씀하시길, 15세 때 자신을 한국인과 일본인 남자가
당시 일본 지배였던 중국 서북지방으로 끌고 갔다고 한다.

ST: She had been begging her parents to send her to school for years,
but with a dozen children to feed, they couldn't afford it.

GMT: 그녀는 부모님에게 몇 년 동안 학교에 보내달라고 부탁했지만,
12 명의 아이들에게 먹일 것을 주면서 돈을 낼 여유가 없었습
니다.

TT1: 할머니께서는 어린 시절 부모님께 학교에 보내달라고 수년간 애
원했지만, 부모님은 부양할 아이들이 많았던 탓에 그럴 여력이
없었다.

TT2: 할머니께서는 어린 시절 부모님께 학교에 보내 달라고 수년간
애원했지만, 부모님은 부양할 아이들이 많았던 탓에 그럴 여력
이 없었다.

ST: At the time she was taken, Ok-seon was working away from the
family home.

GMT: 그녀가 체포되었을 때, Ok-seon은 집에서 멀리 일하고있었습니다.

TT1: 끌려갈 당시 할머니는 집에서 멀리 떨어져 일을 하고 있었다.

TT2: 끌려갈 당시 할머니는 집에서 멀리 떨어져 일을 하고 있었다.

ST: Once in China, she says she was forced into sexual slavery for three years, in "comfort stations" set up by the Japanese military to service its troops.

GMT: 중국에 가면 그녀는 군대에 봉사하기 위해 일본 군대가 설립한 "위안소"에서 3 년 동안 성적 노예로 강제되었다고한다.

TT1: 한 때 중국에서 할머니는 일본군이 세운 '위안소'에서 삼 년간 성노예로 살아왔다고 한다.

TT2: 한 때 중국에서, 할머니는 일본군이 군부대를 위해 세운 '위안소'에서 3년간 성노예로 강제 동원되었다고 한다.

ST: "I felt really violated, being tricked and taken like that as a young teenager," she says.

GMT: "나는 어린 십대처럼 속임을 당하고 기분이 상했다."

TT1: "나는 소녀일 때 속아서 끌려가 엄청난 모멸감을 느꼈어요."

TT2: "나는 10대 소녀 때 그렇게 속아서 끌려가 엄청난 모멸감을 느꼈어요." 할머니가 말했다.

ST: "It was like a slaughter house there - not for animals, but for
humans. Outrageous things were done."

GMT: "그곳은 마치 동물을 위한 것이 아니라 인간을 위한 도축장과
같았습니다. 불법적인 일들이 이루어졌습니다."

TT1: "그 곳은 마치 도살장 같았어요. 동물이 아닌 사람을 도살하는
곳이요. 너무나 충격적인 일들이 일어났죠." 할머니가 말했다.

TT2: "그 곳은 마치 도살장 같았어요. 동물이 아닌 사람을 도살하는
곳이요. 너무나 충격적인 일들이 일어났죠."

ST: She shows me old scars on her arms and legs - from being
stabbed, she says.

GMT: 그녀는 팔과 다리에 오래된 흉터를 보여줍니다.

TT1: 할머니는 팔다리에 있는 오래된 자상(刺傷)을 보여주었다.

TT2: 할머니는 팔다리에 있는 오래된 흉터를 보여 주며 칼에 찔려서
난 상처라고 말한다.

ST: A volunteer at the house tells me later that she sustained other
injuries from that time, preventing her from bearing her own
children.

GMT: 집에서 자원 봉사자는 나중에 그녀가 그 시간부터 다른 부상을
입었고, 그녀가 자신의 자녀를 낳지 못하게한다고 알려줍니다.

TT1: 나중에 봉사자에게 들은 바에 따르면 할머니는 그 당시 다른 상

처도 입었고, 이로 인해 아이를 가질 수 없었다고 한다.

TT2: 나중에 봉사자에게 들은 바에 따르면 할머니는 그 당시 다른 상

처도 입었고, 이로 인해 아이를 가질 수 없었다고 한다.

출처: https://www.bbc.com/news/magazine-22680705

4. 문학 작품 번역

문학 작품 번역은 번역가에 따라 다양한 해석적 글쓰기를 기초로 하는 선택적이고 의도적인 행위입니다. 번역가의 개인적 취향이나 관점에 따라 번역문은 다르게 나올 수 있습니다. 따라서 문학 번역은 오역이 아닌 한 '어느 번역이 옳은 번역이다 혹은 그른 번역이다' 라고 평가할 수는 없습니다.

또한 문학 작품 번역은 번역문이 출판되는 나라, 시대와 독자에 따라서 결과물이 다르게 나타날 수 있습니다. 번역을 사회 문화적 측면에서 연구한 르페브르는André Lefevre, "문학 작품은 번역이 수행되는 시점과 배경 속에서 번역가의 특정한 인식적인 스펙트럼을 지나면서 인식되고 이해되며 굴절된다"고 설명한 바 있습니다.

이 부분에서 원문으로 사용한 『오찬The Luncheon』은 영국의 소설가 겸 극작가인 윌리엄 서머셋 몸W. Somerset Maugham(1874-1965)의 단편 소설입니다. 이 소설의 주인공은 젊은 작가 지망생으로, 가난하지만 자존심이

강한 인물입니다. 그는 어느날, 중년 여자의 팬 레터를 받습니다. 편지에서 이 중년 여성은 자신이 작가를 너무 존경하기 때문에, 파리를 지나는 길에 잠깐 만날 수 있으면 좋겠다는 바람을 전합니다. 우쭐해진 작가는 이 제안을 거절하지 못하고 자신이 점심을 사겠다고 나섭니다. 그런데 포요트라는 파리에서 아주 비싼 식당에 가서 이 여성은 "저는 점심에 아무것도 먹지 않아요"라고 하는 말을 반복하면서도, 가장 비싼 음식만을 골라 연달아 먹어치웁니다. 그녀의 작전에 말려들어 간 불쌍한 젊은 작가는 한 달 치 생활비로 밥값을 지불해야 했다는 이야기입니다.

다음 학생 번역문은 가능한 원문을 왜곡하지 않고 소설의 맛을 그대로 살려서 번역하는 데 중점을 두었습니다. 이를 위해 특히 대우법을 잘 살려서 번역하여, 섬세하면서도 자존심 강한 주인공 작가와 뻔뻔스럽고 능구렁이 같은 중년 여성의 말투를 실감나게 표현하려 노력하였습니다.

ST: The Luncheon

GMT: 점심 식사

TT1: 그녀와의 점심

TT2: 그녀와의 점심

ST: William Somerset Maugham

GMT: 윌리엄 서머셋 모함

TT1: 윌리엄 서머셋 몸

TT2: 윌리엄 서머셋 몸

ST: I caught sight of her at the play, and in answer to her beckoning, I went over during the interval and sat down beside her.

GMT: 나는 연극에서 그녀를 보았고, 그녀의 손짓에 대한 응답으로, 나는 그 간격 동안 갔고 그녀 옆에 앉았다.

TT1: 연극에서 그녀와 마주쳤다. 그녀는 손짓으로 나를 불렀고, 휴식 시간에 그녀 옆으로 가 앉았다.

TT2: 극장에서 객석에 있는 그녀를 우연히 보았다. 그녀가 손짓으로 나를 불렀고, 휴식 시간에 그녀 옆으로 가 앉았다.

ST: It was long since I had last seen her, and if someone had not mentioned her name, I hardly think I would have recognized her.

GMT: 내가 그녀를 마지막으로 본 이후로 오래되었습니다. 누군가 그 녀의 이름을 언급하지 않았다면, 나는 그녀를 인정했을 것이라 고 생각하지 않습니다.

TT1: 마지막으로 본 이후 시간이 꽤 흘렀기 때문에, 누군가 그녀의 이 름을 부르지 않았다면 알아보지 못했을 것이다.

TT2: 마지막으로 본 이후 시간이 꽤 흘렀기 때문에, 누군가 그녀의 이 름을 언급하지 않았다면 알아보지 못했을 것이다.

ST: She addressed me brightly.

GMT: 그녀는 나를 밝게 대했습니다.

TT1: 그녀가 쾌활하게 말했다.

TT2: 그녀가 쾌활하게 말했다.

ST: "Well, it's many years since we first met. How time does fly! We're none of us getting any younger. Do you remember the first time I saw you? You asked me to luncheon!"

GMT: "글쎄, 우리가 처음 만난 이후로 몇 년이 지났어. 시간은 어떻게 날아가는거야! 우리는 더 젊어지는 사람이 아니야. 내가 너를 처음봤을 때 기억하니? 너는 내가 점심 먹으라고했다."

TT1: "어쩜, 그때 이후로 몇 년만이죠? 시간 참 빨라요! 우리 둘 다 많이 늙었네요. 우리가 처음 만났을 때를 기억하세요? 작가님이 저를 점심 식사에 초대하셨잖아요"

TT2: "어쩜, 그때 이후로 몇 년 만인지. 시간 참 빠르다! 이제는 우리 둘 다 젊지 않네. 우리 처음 만났을 때 기억나? 작가님이 나를 점심 식사에 초대했잖아!"

ST: Did I remember?

GMT: 내가 기억 했니?

TT1: 어떻게 그 일을 잊을 수 있겠어?

TT2: 내가 기억했냐고?

ST: It was twenty years ago and I was living in Paris.

GMT: 20 년 전 파리에 살고 있었습니다.

TT1: 그건 20년전 내가 파리에 있었을 때의 일이다.

TT2: 20년 전 내가 파리에 있었을 때의 일이다.

ST: I answered that I would meet my friend - by correspondence - at Foyot's on Thursday at half-past twelve.

GMT: 나는 목요일에 Foyot 's에서 반세기 12시에 내 친구를 만날 것이라고 대답했다.

TT1: 나는 목요일 12시 30분에 포요트 식당에서 보자고 답했다.

TT2: 나는 편지로 그녀에게 목요일 12시 30분에 포요트 식당에서 보자고 답했다.

ST: She was not so young as I expected and in appearance imposing rather than attractive.

GMT: 그녀는 내가 기대했던 것처럼 젊지도 않았고 매력적이기보다는 매력적이었다.

TT1: 그녀는 생각보다 어리지 않았고, 매력적이기보다는 인상적인 외모의 소유자였다.

TT2: 그녀는 생각보다 어리지 않았고, 매력적이기보다는 위압적인 풍채가 눈에 띄는 여성이었다.

ST: She was, in fact, a woman of forty(a charming age, but not one that excites a sudden and devastating passion at first sight), and she gave me the impression of having more teeth, white and large and even, than were necessary for any practical purpose.

GMT: 그녀는 사실 40 살의 한 여인이었습니다.(매력적인 나이 였지만 처음에는 갑작스럽고 황폐한 열정을 불러 일으키지 않았습니다) 그녀는 필연적으로 필자보다 더 많은 치아, 실용적인 목적으로.

TT1: 그녀는 40대의 여인이었다. 충분히 매력적인 나이대이긴 하지만, 첫눈에 반할 만큼 엄청난 충격을 주는 나이는 아니지 않은가. 게다가 하얗고, 크고 고른 치아가 과할 정도로 많아 보였다.

TT2: 그녀는 알고 보니 40대의 여인이었다. 충분히 매력적인 나이이긴 하지만, 한눈에 격렬한 열정을 불러일으키는 나이는 아니지 않은가. 게다가 하얗고, 크고 가지런한 치아가 필요 이상으로 많아 보였다.

ST: She was talkative, but since she seemed inclined to talk about me I was prepared to be an attentive listener.

GMT: 그녀는 말 수가 많았지 만, 그녀가 나에 대해 말하기를 좋아 했으므로 나는 세심한 청취자가 될 준비가 되어있었습니다.

TT1: 그녀는 수다스러웠지만 나에 대해 이야기하고 싶은 듯이 보였기에 귀 기울일 준비를 했다.

TT2: 그녀는 수다스러웠지만, 나에 대해 이야기하고 싶은 듯이 보였기에 귀 기울일 준비를 했다.

ST: I was startled when the bill of fare was brought, for the prices were a great deal higher than I had anticipated.

GMT: 운임 계산서가 나왔을 때 깜짝 놀랐습니다. 왜냐하면 가격은 내가 기대했던 것보다 훨씬 높았기 때문입니다.

TT1: 메뉴판을 받았을 때, 예상보다 훨씬 비싼 가격에 불안해졌다.

TT2: 메뉴판을 받고 깜짝 놀랐다. 가격이 내 예상을 훨씬 뛰어넘었기 때문이었다.

ST: But she reassured me.

GMT: 그러나 그녀는 나를 안심 시켰습니다.

TT1: 그러나 그녀는 나를 안심시켰다.

TT2: 그러나 그녀는 나를 다시 안심시켰다.

ST: "I never eat anything for luncheon," she said.

GMT: "나는 오찬을 위해 아무것도 먹지 않습니다." 라고 그녀는 말했다.

TT1: "저는 점심 때 아무것도 안 먹어요." 그녀가 말했다.

TT2: "나는 점심 때 아무것도 안 먹어요." 그녀가 말했다.

ST: "Oh, don't say that!" I answered generously.

GMT: "오, 그렇게 말하지 마!" 나는 너그럽게 대답했다

TT1: "에이 그런 말씀 하지 마세요!" 난 인심 좋게 얘기했다.

TT2: "아니에요, 그런 말씀 하지 마세요!" 난 인심 좋게 얘기했다.

ST: "I never eat more than one thing. I think people eat far too much nowadays. A little fish, perhaps. I wonder if they have any salmon."

GMT: "나는 두 가지 이상을 먹지 않는다. 사람들이 너무 많이 먹는다고 생각한다. 아마도 작은 물고기 일 것이다. 연어가 있는지 궁금하다."

TT1: "저는 한 가지 이상은 절대 먹지 않아요. 요즘 사람들은 너무 많이 먹는 것 같아요. 생선 조금이면 충분할 것 같은데. 연어가 있으려나?"

TT2: "나는 한 가지 이상은 절대 먹지 않아요. 요즘 사람들은 진짜 너무 지나치게 먹는 것 같아요. 생선 조금이면 충분할 것 같은데. 여기 연어가 있으려나?"

ST: Well, it was early in the year for salmon and it was not on the bill of fare, but I asked the waiter if there was any.

GMT: 글쎄, 그것은 연어에 대한 일찍했고 요즘의 법안에 아니었지만, 나는 웨이터에게 물었다.

TT1: 사실 연어가 나오기에는 이른 시기였고, 메뉴판에도 없었지만 웨이터에게 연어가 있냐고 물어봤다.

TT2: 사실 연어가 나오기에는 이른 시기였고, 메뉴판에도 없었지만, 웨이터에게 연어가 있냐고 물어봤다.

ST: Yes, a beautiful salmon had just come in, it was the first they had had.

GMT: 네, 아름다운 연어가 들어 왔는데, 처음에는 그 연어가 있었습니다.

TT1: 마침 싱싱한 연어가 있다고 했다. 가게에서도 처음 들여온 것이었다.

TT2: "네! 마침 기막힌 연어가 방금 막 들어왔어요!" 웨이터가 말했다. 심지어 식당에도 처음 들여온 것이었다.

(중략)

ST: Then a terrible thing happened.

GMT: 그런데 끔찍한 일이 일어났습니다.

TT1: 그러고 정말 끔찍한 일이 벌어졌다.

TT2: 그러고 정말 끔찍한 일이 벌어졌다.

ST: While we were waiting for the coffee, the head waiter, with an ingratiating smile on his false face, came up to us bearing a large basket full of huge peaches.

GMT: 우리가 커피를 기다리는 동안, 그의 얼굴에 멍청한 웃음을 짓고있는 웨이터가 거대한 복숭아로 가득 찬 커다란 바구니를 들고 우리에게 다가갔습니다.

TT1: 커피가 나오길 기다리고 있는데, 가식적인 웃음을 띤 매니저가 탐스러운 복숭아로 가득 찬 커다란 바구니를 들고 왔다.

TT2: 커피가 나오길 기다리고 있는데, 그 놈의 매니저가 입꼬리를 있는 힘껏 올려, 가식적인 얼굴로 탐스러운 복숭아로 가득 찬 커다란 바구니를 들고 왔다.

ST: They had the blush of an innocent girl; they had the rich tone of an Italian landscape.

GMT: 그들은 무고한 소녀의 홍당무를 가졌습니다. 그들은 이탈리아 풍의 풍부한 풍경을 가지고있었습니다.

TT1: 복숭아는 순수한 소녀의 볼처럼 발그레했고, 이탈리아의 풍경을 품은 듯 했다.

TT2: 복숭아는 순수한 소녀의 볼처럼 발그레했고, 한편으로는 이탈리아의 풍경을 품은 듯 다채롭기도 했다.

ST: But surely peaches were not in season then? Lord knew what they cost.

GMT: 하지만 분명 복숭아는 그때가 아니 었습니까? 주님은 그들이 무엇을 썼는지 알았습니다.

TT1: 그런데 분명히 복숭아철은 아니지 않나? 오 하느님, 도대체 얼마나 비쌀까요.

TT2: 그런데 분명히 복숭아 철은 아니지 않나? 오 하느님, 도대체 얼마나 비쌀까요.

ST: I knew too what they cost-a little later, for my guest, going on with her conversation, absentmindedly took one.

GMT: 나는 그들이 비용을 알았습니다. 잠시 후, 내 손님이 대화를 계속하면서, 결석 한 것을 택했습니다.

TT1: 복숭아의 가격은 곧 알게 되었다. 이야기를 하던 중, 그녀가 무심코 복숭아 하나를 집어 들었다.

TT2: 복숭아 가격은 곧 알게 되었다. 이야기를 하던 중, 그녀가 무심코 복숭아 하나를 집어 들었다.

ST: "You see, you've filled your stomach with a lot of meat" - my one miserable little chop-"and you can't eat any more. But I've just had a snack and I shall enjoy a peach."

GMT: "너도 알다시피, 네가 위장에 고기를 많이 채웠다."- 나에게는 비참한 작은 쇠고기가있다. "그리고 더 이상 먹을 수는 없지만 간식을 먹었을 때 나는 복숭아를 먹을 것이다."

TT1: "보시다시피 작가님은 고기로만 배를 채웠잖아요," 내 보잘것없는 고기를 말하는 것이었다. "그래서 더 이상 먹지 못하죠. 하지만 저는 가볍게 간식만 먹어서 복숭아 정도는 먹을 수 있어요."

TT2: "있죠, 작가님은 고기로 배를 채웠잖아요" —내 보잘것없는 고기를 말하는 것이었다— "그래서 더 이상 먹지 못하죠. 하지만 나는 가볍게 간식만 먹어서 복숭아 정도는 먹을 수 있어요."

ST: The bill came and when I paid it I found that I had only enough for a quite inadequate tip.

GMT: 법안이 나왔고 제가 돈을 지불했을 때 나는 그걸로 충분치 못했던 팁을 찾았습니다.

TT1: 계산서를 받고 음식값을 낼 수는 있었지만, 팁을 충분히 주기에는 부족했다.

TT2: 계산서를 받고 음식값을 낼 수는 있었지만, 팁을 충분히 주기에는 부족했다.

ST: Her eyes rested for an instant one the three francs I left for the waiter, and I knew that she thought me mean.

GMT: 그녀의 눈은 내가 웨이터에게 남긴 3 프랑을 즉석으로 받았다. 나는 그녀가 나를 의미한다고 생각한다는 것을 알았다.

TT1: 그녀는 내가 팁으로 남긴 3프랑을 슬쩍 쳐다보았다. 아마 내가 인색하다고 생각했겠지.

TT2: 그녀는 내가 팁으로 남긴 3프랑을 슬쩍 쳐다보았다. 아마 내가 인색하다고 생각했겠지.

ST: But when I walked out of the restaurant I had the whole month before me and not a penny in my pocket.

GMT: 하지만 식당에서 나왔을 때 나는 한 달 전 내 주머니에 페니가
     없었다.

TT1: 하지만 식당에서 나왔을 때 나는, 땡전 한 푼 없이 남은 달을 버
     텨야 하는 신세였다.

TT2: 하지만 식당에서 나왔을 때 나는 땡전 한 푼 없이 남은 달을 버
     텨야 하는 신세였다.

ST: "Follow my example," she said as we shook hand, "and never eat
     more than one thing for luncheon."

GMT: "예를 든다면, 우리가 손을 흔들면서 그녀는 말했다. 그리고 오
     찬을 위해 하나 이상의 것을 결코 먹지 않는다."

TT1: 그녀가 악수하며 말했다. "저의 예를 따르세요. 점심에 절대 한
     가지 이상을 먹지 않는 거에요."

TT2: "날 따라 해요." 그녀가 악수하면서 말했다. "그럼 점심으로는 절
     대 하나 이상 안 먹을 거예요."

출처: William Somerset Maugham(1967), *The complete short stories of W.
    Somerset Maugham, New York: Washington Square Press.

참고문헌

1장

Catford, J. C. (1965) *A Linguistic Theory Of Translation*, Oxford: Oxford UP.

Munday, Jeremy (2012) *Introducing Translation Studies: theories and applications*, New York: Routledge.

Nida, Eugene (1964) *Toward a Science of Translating*, Leiden: Brill.

Vinay, J.-P. and J. Darbelnet (1958) *Stylistique Comparée du Français et de L'anglais*, Paris: Didier.

2장

Bell, Roger (1991) *Translation and translating: theory and practice*, London: Longman.

Donne, John (1957) *The Poems of John Donne*, London: Oxford UP.

Schuster, Mike "구글 번역 최고 담당자의 예상 밖 답변 '번역기가 인간을 완전히 대체하는 시점은 오지 않을 수도'", 2017. 9. 26, 「조선비즈」.
http://biz.chosun.com/site/data/html_dir/2017/09/26/2017092601082.html

3장

김효중 (2004)『새로운 번역을 위한 패러다임』, 서울: 푸른 사상.

Baker, M. (1992) *In Other Words: A Coursebook on Translation*, London: Routledge.

Chaucer, Geoffrey (1977) *The Canterbury Tales*, New York: Penguin Books.

Newmark, P. (1998) *A Textbook of Translation*, London: Prentice Hall.

Smith, Deborah (2016) *The Vegetarian*, New York: Hogarth.

Synge, J. M. (1962) *The Playboy of the Western World: and Riders to the Sea*, London: Unwin Books.

4장

샐린저, J. D. (1994)『호밀밭의 파수꾼』, 김욱동 역, 서울: 현암사.

Choldenko, Gennifer (2004) *Al Capone does my shirts*, New York: G.P. Putnam's Sons.

Salinger, J. D. (1964) *The Catcher in the Rye*, Toronto: A Bantam Books.

Shakespeare, William (1994) *Antony and Cleopatra*, London: Macmillan.

Shelly, Mary Wollstonecraft (2000) *Frankenstein, or, The modern Prometheus*, New York: New American Library.

Tan, Amy (2016) *The Joy Luck Club*, London: Penguin Books.

5장

Auden, W. H. (1958) *Selected Poetry of W. H. Auden*, New York: Modern Library.

Byron, G. G. (1994) *Lord Byron: selected poems*, New York: Gramercy Books.

Donne, John (1919) *Donne's Sermons*, Oxford: The Clarendon Press.

Eliot, T. S. (1969) *The Complete Poems and Plays of T. S. Eliot*, London: Faber.

Lakoff, G. and Mark Johnson (1980) *Metaphors we live by*, Chicago: University of Chicago Press.

Newmark, P. (1988) *A Textbook of Translation*, London: Prentice Hall.

6장

한강 (2007) 『채식주의자』, 파주: 창비.

Allen, Woody (2011) Midnight in Paris.

https://www.scripts.com/script/midnight_in_paris_13736

Han, Kang (2015) *The Vegetarian*, London: Portobello.

Moyo, Dambisa "Why Foreign Aid Is Hurting Africa" 21 March 2009, 「Wall Street Journal」.

https://www.wsj.com/articles/SB123758895999200083

Nebehay, Stephanie "Islamic State using tens of thousands as human shields in Mosul: U.N." 28 October 2016, 「Reuters」.

https://www.reuters.com/article/us-mideast-crisis-iraq-mosul-un/islamic-state-using-tens-of-thousands-as-human-shields-in-mosul-u-n-idUSKCN12S0ZV

Shakespeare, W. (1963) *Sonnets*, London: Heinemann.

7장

김태한 (1990) 영어와 한국어의 관계절, 『언어과학연구』 7: 41-48.

이영옥 (2004) "영어 관계절 구문 번역 문제", 『번역학 연구』 5(1).

진실로 (2007) "관계절 구문의 정보 구조와 정보 흐름 재현 전략", 『번역학 연구』 8(2).

최진실, 박기성 (2009) "영어관계절의 영한 번역 유형 연구", 『언어과학』 16(1).

Chopin, K. (1972) *The Awakening*, New York: Avon.

Cohen, Roger "The Case for Disobedience", 28 April 2014, 「The New York Times」.

www.nytimes.com/2014/04/29/opinion/cohen-the-case-for-disobedience.html.

de Botton, A. (2002) *The Art of Travel*, New York: Pantheon Books.

Hemingway, E. (1987) *The Complete Short Stories of Ernest Hemingway*, New York: Charles Scribner's Song.

Joyce, James (1916) *A Portrait of the Artist as a Young Man*, Harmonsworth: Penguin.

Kingdom, Tamil "Thai coup-makers controlling the message", May 2014「Newsmail」. http://ttntamilews.blogspot.com/2014/05/thai-coup-makers-controlling-message.html

Quirk et al. (1985) *A Comprehensive Grammar of the English Language*, London: Longman.

Williamson, Lucy "Comfort Women: South Korea's Survivors of Japanese brothels", 「BBC news」, 29 May, 2013. www.bbc.com/news/magazine-22680705

8장

고영근, 구본관 (2011)『우리말 문법론』, 서울: 집문당.

이영옥 (2000) "한국어와 영어간 구조의 차이에 대한 번역의 문제—수동 구문을 중심으로",『번역학 연구』1: 47-76.

이은숙 (2009) "영어와 한국어 수동문 비교 연구",『영어 영문학 연구』, 35(3): 205-223.

조인정 (2005) "영한 번역의 문제점: 수동태를 중심으로",『번역학 연구』, 6(1): 122-142.

Austen, J. (1952) *Pride and Prejudice*, London: Collins.

Filou, Emile et al.(2016) *Lonely Planet Madagascar*, New York: Lonely Planet.

Quirk, R. S. Greenbaum, G. Leech, and J. Svartvik (1985) *A Comprehensive Grammar of the English Language*, London: Longman.

Rottenberg, Josh "The fallout: How the Harvey Weinstein scandal exposed sexual harassment as Hollywood's dirty secret" 12 October 2017, 「Los Angeles Times」.

www.latimes.com/entertainment/movies/la-et-mn-hollywood-sexual-harassment-20171012-story.html

UN Office of the High Commissioner for Human Rights, "Battle for Mosul: ISIL forces thousand of civilians from their homes and executes hundreds", 26 October 2016.

https://reliefweb.int/report/iraq/battle-mosul-isil-forces-thousands-civilians-their-homes-and-executes-hundreds

9장

이희승 (1982)『국어대사전』, 서울: 민중서림.

Han, Kang, "While the U.S. Talks of War, South Korea Shudders" 7 October 2017 「The New York Times」.

https://www.nytimes.com/2017/10/07/opinion/sunday/south-korea-trump-war.html

Thoreou, H. D. (1908) *Walden*, London: J. M. Dent & Sons.

10장

김미라 (2012)「한영 단편소설 번역에 있어 '이끔부(theme)'의 선택이 독자에 미치는 영향」,『번역학, 무엇을 연구하는가』, 서울: 동국대학교.

Caryl, Christian(2005), "Is Three a Crowd?", 「Newsweek」.

www.newsweek.com/three-crowd-119827

de Botton, Alain (2003) *The Art of Travel*, New York: Penguin Adult.

Fairclough, N. (1992) *Discourse and Social Change*, Cambridge: Polity.

Halliday, M.A.K. (1994) *An Introduction to Functional Grammar*, London: Arnold.

Hancocks, Paula "Park Geun-hye: Downfall of South Korea's political princess", 31 March 2017 「CNN」.

https://edition.cnn.com/2017/03/09/asia/south-korea-park-geun-hye-profile/index.html

McKay, S. L. (2002) *Teaching English as an International Language: An introduction to the role of English as an international language and its implications for language teaching*, Oxford: Oxford UP.

Mckay, S. L. (2002) *Teaching English as an International Language: rethinking goods and approches*, Oxford: Oxford UP.

Williamson, Lucy. "Comfort women: South Korea's survivors of Japanese brothels", 「BBC News」, 29 May 2013.

https://www.bbc.com/news/magazine-22680705

"Transcrip: President Obama's remarks on Donald Trump's election", a November 2016 「Washington Post」.

https://www.washingtonpost.com/news/the-fix/wp/2016/11/09/transcript-president-obamas-remarks-on-donald-trumps-election/?utm_term=.ced54abe6fcc

추천사

　　번역에 대해 잘 모르지만 발을 디뎌 보고 싶은 사람들에게 이 책을 적극 추천합니다! 제가 최성희 교수님의 수업을 들은 것은 막 새내기 딱지를 뗀 대학교 2학년 봄이었습니다. 영문학과 전공자인 저는 대학에 들어오기 전부터 번역에 관심이 있었으나, 이에 대해 배워 볼 기회가 없었지요. 때문에 번역을 그저 언어를 옮기는 일이라고 단순하게 생각한 부분도 있었습니다. 하지만 교수님의 수업을 통해 어렵지 않게 번역학에 제대로 입문할 수 있었습니다. 원천 텍스트의 생생한 느낌을 그대로 품은 채 다른 언어로 바꾸는 일이 얼마나 조심스러우며 신중한 과정을 필요로 하는지, 특히 자연스러운 한국어로 나타내기 위해 얼마나 큰 노력이 필요한지 깨달았습니다. 이 책을 통해 두 가지 이상의 언어, 나아가 그 문화 세계를 포용하는 아름다운 번역의 세계에 빠져 보시길.

-고려대학교 영어영문학과 김도윤

_____2.

　번역가를 꿈꾸어 왔던 내게 2018년 1학기에 수강한 '영어 통역과 번역' 수업은 큰 전환점이었다. 번역 과정에서 번역가가 목표로 삼아야 할 지침은 무엇인지부터 번역해야 할 텍스트를 마주했을 때 적용할 수 있는 방법론까지, 번역의 이론과 실제를 모두 아우르는 이 수업을 통해 막연한 감으로 번역을 대했던 태도는 한층 성숙해졌다. 수업시간에 배운 이론을 바탕으로 다양한 텍스트를 번역해 보는 경험은 번역 실력의 피와 살이 되어 주었으며, 학우들과 머리를 맞대고 고민한 끝에 최선의 번역문을 떠올렸을 때의 쾌감은 번역을 향한 열정의 불씨가 되어주었다. 이 책은 번역시 필수적으로 고려해야 할 사항을 어휘 차원에서 문맥 차원까지 차근차근 다루고 있어 번역이 낯선 학생들에게 새로운 지평을 열어 줄 것이다. 또한, 이 책이 번역가의 크고 작은 고민에 대해 제안하는 명쾌한 해결책은 번역 경험이 있는 학생들에게도 자신의 실력을 점검하고 보완할 수 있는 좋은 지침서가 되어 줄 것이라고 믿어 의심치 않는다.

- 고려대학교 영어영문학과 이혜인

_____3.

　번역 과정에서 한 번이라도 '이불킥'을 했던 분들에게 이 책을 추천합니다. 저는 통번역 프리랜서로 가끔 일을 했는데, 번역이 막힐 때마다 화만 낼 줄 알지 사실상 자신이 하고 싶은 번역이 무엇인지, 어떻게 번역을 해야 할지 아무것도 모르는 류의 사람이었습니다. 최성희 교수님의 번역 수업을 처음 들은 것이 2학년 때인데, 그 수업을 듣고 나서야 번역이 얼마나 신중한 과정이어야 하는지, 문맥을 파악한 후 얼마나 오랜 숙고가 필요한 일인지를 알게 되었습니다. 교수님의 수업을 듣기 전의 번역과 후의 번역의 질이 몰라보게 달라졌다는 사실은 아마 당연한 것이겠지요. 이 책에는 제가 사랑했던 번역 수업의 모든 핵심과 자세한 정보들이 담겨 있습니다. 이 책을 읽고 여러분들의 번역도 훨씬 좋아지리라 확신합니다. '이불킥'도 사라질테니 걱정 하지 않으셔도 좋습니다.

- 고려대학교 영어영문학과 김서희

_____ 4.

2017년 1학기에 최성희 교수님의 [영어통역과 번역] 수업을 수강하게 되었고, 현재까지도 제게 가장 뿌듯하고 기억에 남는 수업으로 남게 되었습니다. 개인적으로 영화 등을 볼 때 오역에 매우 민감한 편이라 원래는 직역에 가깝더라도 정확한 의미를 전달해 주는 번역이 좋은 번역이라고 생각했으나, 최성희 교수님의 수업을 수강하면서 좋은 번역이란 원천 텍스트를 목표 텍스트로 정확하게 옮기는 데에 그치지 않고, 목표 언어권의 사회적, 문화적, 정서적 맥락 등을 모두 고려하여 독자들에게 같은 감상을 주는 번역이라고 생각하게 되었습니다. 또한, 학기 말에는 제가 학기 초에 썼던 번역 초고를 대폭 수정할 때면 얼마나 번역에 대한 제 생각이 변화했는지, 또 한 학기 동안 다양한 장르의 텍스트를 번역하고 여러 학우와 토의하면서 얼마나 번역 실력이 늘었는지 여실히 느낄 수 있었습니다. 이 책에는 번역의 정의부터 방법론, 또 기계 번역에 대한 이야기까지 제가 한 학기 동안 교수님의 수업을 통해 배웠고, 연습했던 것 이상의 값진 내용들이 아주 친절하고 자세하게 정리되어 있습니다. 물론 개인적인 노력과 연습을 통한 체득의 과정이 필요하겠지만, 이 책의 내용을 숙지한다면 AI 시대에도 대체 불가능한 좋은 번역가가 될 수 있을 것이라고 생각하며 저는 이 책을 저의 후배들에게, 또 번역에 흥미가 있는 모든 사람에게 적극 추천합니다.

- 고려대학교 영어영문학과 윤주영

_____5.

통번역대학원 진학 후 첫 학기에 최성희 교수님의 번역 이론 수업을 듣게 되었습니다. 아무나 하는 번역이 아닌 번역의 본질을 이해하고 그 이해를 바탕으로 아무나 할 수 없는 번역을 잘 해내고 싶었습니다. 번역 연구에 대한 열정으로 가득했던 교수님의 가르침은 전문 번역가로서 첫 발을 내딛기 위해 가장 중요한 시점에 꼭 필요한 첫 단추가 되었고 제 번역 공부의 견고한 기초가 되어 지속하고 있는 학업을 더욱 풍성하게 발전시킬 수 있었습니다. 이 책은 다양한 예시와 함께 번역의 방법론을 복합적으로 제시해 독자의 이해를 돕고, 연습을 통해 AI 시대에 차별화된 번역을 위한 길로 안내합니다. 저에게 소중한 자양분이 되어 준 그 가르침을 이제 제 곁에 두고 함께할 수 있다는 생각에 더할 나위 없이 기쁩니다. 제게 그랬던 것처럼, AI 시대를 목전에 두고 번역가를 꿈꾸는 이들에게 이 책이 꼭 필요한 길잡이가 될 것이라 믿습니다.

-호주 맥쿼리대학 통번역대학원 김다영